経営者のための初めての不動産投資戦略

曽我ゆみこ

プレジデント社

はじめに　経営者としての不動産投資の目標とゴール

いきなりですが、こんなことがありました。埼玉県の郊外で中小企業の経営に携わっている男性の話です。

2017年に刊行した拙著『毎月100万円！　確実に増える不動産投資』（辰巳出版）を見たその方は、私が開催している不動産投資セミナーに参加していたのですが、うつむきがちで、とても暗い顔をしていました。

私自身、大病を患った経験があります。見て見ぬふりはよくないと思い、「顔色がすぐれないようですが、大丈夫ですか？」と声をかけました。

すると「最近はずっとこんな調子なので大丈夫です」と答えたので、心の中で「この人は続かないだろうな」と思いながら、そのままセミナーを続けました。

しかし私の予想は外れ、彼は熱心に不動産投資法を学び続けたのです。

本書を手にとっていただいた皆さんはご存じだと思いますが、世間では不動産投資のセミナーがたくさん開催されています。この方も複数のセミナーに参加していましたが、私の考え方やメソッドが最も腹に落ちたそうです。
「物件購入の具体的な手伝いをしてほしい」と言っていただき、私自身も彼の熱心な姿を見ていたので、「わかりました。頑張りましょう」と伝えました。

その後、彼は首都圏の優良物件を購入することができました。私のセミナーに参加してから、およそ半年後のことです。

その過程で、彼と私は定期的に顔を合わせていたのですが、見る見るうちに顔色がよくなっていったことを鮮明に覚えています。

物件購入前と購入後とで、ひと目見てわかるほど雰囲気が変わり、実際に話をしても、とても明るくなったと感じました。私は率直に、「出会った頃と今では、まるで別人ですよ！」と伝えました。

すると彼は、
「私の会社はサービス業なので、今はある程度うまくいっていても、常に不安があります。特にここ数年は、一部の従業員と折合わないことがあって、『このままでいいのだろうか』と悩んでいたのです。今回、不動産投資をすることによって、いい意味で気持ちが軽くなりました。収入源が複数になると、こんなにも前向きな気持ちになれるものなのですね。以前より、本業にも力が入るようになりました」

と話してくれました。

私が本書を書く最大のモチベーションは、まさにここにあります。全国に約360万社あるとされる中小企業の経営者の方々。フリーランスと呼ばれることもある個人事業主の方々。そのような皆さんに、不動産投資こそが皆さんの事業、ひいては100年続くとも言われる人生に大きなメリットをもたらしてくれるということに気がついていただきたいのです。

ところで、あなたはなぜ会社を経営しようと思ったのでしょうか。

素晴らしい商品やシステムを世に出したかった。
上場を目指した。
従業員を育ててみたかった。

たくさん稼いで、家族や周りの人を幸せにしたかった。あるいは、会社を引き継いで規模を大きくしたかった、という方もいるでしょう。いずれにしても、色々な熱い思いを持って、会社を経営していることと思います。

あなたの人生の到達地点はどこですか。

例えば、あなたの会社の売上が現在、3億円であるとします。あなたはこのように考えます。

売上を5億円にしたい、それまでは寝る間を惜しんで働く。そして見事に売上5億円を達成したとします。

「良かった。目標は達成したので、あとは遊んで暮らそう」

このように考えるでしょうか。たぶんそうはならないでしょう。ここまで到達したのだから、次は10億円、その次は15億円を目指そう。

ほとんどの人が、このように終わりのない夢を追い続けます。結局何年たっても、あなたは会社の中で同じように毎日を過ごしているのです。

いつか幸せに、もっと自由に暮らすはずだったのに、そのままでは、いつまでたってもあなたは〝労働者〟です。「いや、私は経営者であって労働者ではない」とあなたは考えるでしょうか。

少々、耳が痛い話になるかもしれませんが、もし、あなたが何らかの病気になって入院したとしましょう。顧客、取引先、従業員、役員を含め、仕事に関係する全ての人と連絡をとることもできない状況に置かれたとします。今日、突然、入院することになったと想像してみてください。半年後、1年後に退院できたとして、あなたの会社は問題なく回り、進化し続けていますか。

もし、そうでないならば、残念ながらあなたは経営者ではなく、〝労働者〟と同じであるのかもしれません。

家族や周りの人を幸せにしようと走り続けて、会社の規模を大きくしても、もしあなたが今倒れてしまったとしたら、あなたの家族や周りの人たちは幸せでしょうか。

あなたがまず、するべきなのは、会社の規模をただ大きくすることではなく、あ、な、た、に何があっても大丈夫なように〝安全な領域〟を増やすことではないでしょうか。

理想の経営を目指すためにも、余裕を持った資金が必要です。

会社の資金繰りが悪くなったら、家族も食べさせていけなくなる状態と、会社が大変でも、何か補塡《ほてん》ができて家族は安心して暮らしていける状態では心の余裕が違います。早めに方向を変えることもできるでしょう。

そこで、会社を育てるとともに、もう一つの安心感の柱として不動産投資をお勧めするのです。不動産投資の結果、毎月安定した収入があるという状況は、いざというときに、それを担保に資金調達をすることもできますし、また、売却して現金を作ることも可能です。

このように、アーリーリタイアを目指す方のためではなく、真面目に一生懸命頑張っている経営者にこそ、不動産投資をしてほしいのです。

もちろん不動産投資で、必ず利益が出るわけではありません。

それは本業の経営と全く同じで、正しい知識と正しい方法で行わなければなりません。

しかし、間違いのない物件を購入していけば、あとは通常の事業に比べれば、はるかに手間がかかりません。そのような意味でも不動産投資はもう一つの収入の柱としてぴったりなのです。

あなたはなぜ、本業をやめてはいけないのか?

本書は基本的に、本業を抱えた方に不動産投資法をお伝えするものです。先にお伝えしたように、目指すのはアーリーリタイアではありません。

つまり「家賃収入だけで食べていけるようにしましょう」と謳《うた》うものではないということです。

なぜか。理由は3つあります。

1つ目は「シナジー効果」が期待できるからです。冒頭で紹介した男性のように、不動産投資は本業によい影響をもたらすだけでなく、本業におけるあなたの強みが不動産投資に役立ちます。

2つ目は「一《いち》か八《ばち》かの不動産投資」を避けるためです。家賃収入だけで生活をすることを目標にすると、どうしてもハイリスク・ハイリターンな物件を狙いがちになります。そうした物件には、相応の理由があります。不動産投資一本勝負のプロ中のプロ（あるいはそうしたプロに勝つ自身がある人）であれば別ですが、本業をお持ちの皆さんにとって、そのような危ない橋を渡るのはお勧めしません。

3つ目は、「レジリエンス」を保つため。レジリエンスとは心理学でよく使われる言葉ですが、復元力や対応力といった意味合いを持ちます。不動産に限らず、あらゆる業界にいえますが、大きな社会状況の変化で起きる業界全体の浮き沈みを、避けることは不可能です。〝人生100年時代〟といわれる中、ひとつの収入源に頼るよりも、複数の収入源を持っていたほうがよいのです。

ですから、本業はやめてはいけません。もしも本業をやめることを目指すのならば、私の不動産投資法よりもふさわしい方法があるので、そちらをご参照いただくほうがいいかと思います（「アーリーリタイア」を謳う不動産投資に関する書籍は複数あります）。

あなたの強みは「経営者マインド」にある！

今、本書を読んでいるあなたは、恐らく企業を経営されている方や個人事業主の皆さんだと思います。では、あなたの強みは何でしょうか。

それは「経営者マインド」です。

事業の規模は関係ありません。大なり小なり、経営に携わっている人は、経営者マインドを持っています。不動産投資において、このことは大きなアドバンテージになります。

経営者マインドが不動産投資に向いている理由を考えてみましょう。

端的にいえば、経営者マインドを持っている人は、「数字の扱い」と「対人関係」に長《た》けています。

今、ちまたで行われている不動産投資は、会社員を対象としたものが少なくありません。もちろん人によって異なりますが、大多数の会社員は「言われたことをやっていれば、自動的にお金が入ってくる」人たちです。

損益計算書や貸借対照表などと常に睨《にら》めっこしている経営者とは異なり、自分が勤めている会社の数字をきちんと把握している会社員は実は多くありません。ですから数字の扱いという点で考えると、不動産投資に有利なのは会社員ではなく、経営者であるあなたなのです。

営業マンなど人と接する機会の多い会社員は、対人関係に強そうに見えます。しかし、実は勤めている会社の名前がなければ、ただの人である場合が少なくありません。「○○会社の鈴木課長」として仕事しているので、会社をやめた途端に、単なる鈴木さんになってしまいます。

不動産投資の成否は、いかにきちんと儲《もう》かる物件を買うかということにかかっていますが、それには「人」とのつながりが非常に重要になります。そのためには「あなただからこそ、お付き合いしたい」という人間関係を築く必要があり、これについても経営者の皆さんであれば、常日頃から心がけていることであると思います。

鋭い方は、

「世の中には、会社員に投資を勧める本やセミナーがたくさんあるではないか」

と疑問を持ったことでしょう。これにはカラクリがあります。

属性の高い会社員に対して、高い給料を担保に、お金を貸したい金融機関や、物件を売りたい不動産販売会社がたくさんあるからです。不動産販売会社も、融資の出やすい会社員をターゲットにしたいのです。知識のない人に、損をする物件とわかっていて販売する。そのような不動産販売会社もあります。このような会社は本当になくなってほしいと思います。「税金対策ですから」とか「資産価値として素晴らしい物件があります」といった言葉で営業し、なかなか売れない物件を勧めたり、時にキャッシュフローが大きくマイナスになる物件でも販売するのです。

たとえ顧客である会社員（サラリーマン大家）がその物件で儲からなかったとしても、勤め先からの高い給料で補塡してもらうことができるため、金融機関としては会社員に貸したいのです。

借入をしてください

仮に手元に2000万円のキャッシュがあったとします。皆さんはどのように不動産投資をしようと思いますか？

「現金決済が安全だし、いくら低金利時代だとはいえ、金利がもったいないので、現金で買える2000万円の区分マンションに投資しよう」と考える人は少なくないかもしれません。しかし、これではほとんど儲けは出ません。

仮に利回りが10％だとして、（その他の経費はここでは考えず）その人が得られる年間のお金は200万円です。

一方で、「2000万円を頭金にして、8000万円の融資を引き出し、合計1億円のマンションを一棟買おう」と考えた場合はどうでしょうか。

同じく利回りが10％で、銀行からの借入金の金利が2％だとします。その人が得られる年間のお金は1000万円－160万円＝840万円です。

200万円と840万円では、どちらがいいか言うまでもありません。

このように考える人もいるでしょう。「頭金を1000万円にして9000万円の融資を引き出し、合計1億円のマンションを2棟買おう」。

利回りが10％で、銀行からの借入が2％と3％だとします。その人が得られる年間のお金は、

（1000万円－180万円）＋（1000万円－270万円）＝1550万円

となります。

８４０万円からさらに収入は増えました。

これが、不動産投資における基本的な考え方です。つまり、現金主義にこだわらず、お金にレバレッジを利かせることで、より多くの利益を得ることを目指す。会社の経営者であれば、この考えはスッと理解できることだと思います。経営者の得意な借入、金利交渉などを使うことで、資産を大きくすることができます。

経営者としての不動産投資の目標とゴールとは

事業の規模が小さい会社の場合、ある面では法人と個人の関係が切っても切れない、ということが多いのではないでしょうか。

銀行に融資の相談に行くと、会社の決算書と共に、個人の確定申告書を見せてくださいと言われます。

最近は特に政府系金融機関をはじめとして、法人での借入時の個人保証を外す方に動いています。保証人不要、担保無で借入ができる金融機関もありますが、実際はまだまだ少数です。小さな会社は、借入のために個人保証を頼まれる場合もあります。

このように、事業規模が小さい場合、個人と法人は一心同体と言ってもよいでしょう。会社を大きくすれば固定費も大きくなり、借入も増えます。会社が小さいうちは個人の資産でフォローできますが、大きくなってくると何かあっても個人の資産だけでは対応しきれなくなります。

会社の借入は会社のものだから関係ないと思うかもしれませんが、もし会社をたたむことになったとしたら、個人保証をしているものはあなたが返さなくてはいけないのです。

本書で、経営者が行う不動産投資として目指すところは

①働けなくなったとしても生活していけるだけの毎月の十分なキャッシュフローをつくる（当面のお金の心配をせずに本業に専念できる）。

②会社をたたんだ時に、法人、個人全ての借入が清算（返済）できるだけの純資産をつくる。

という2点を基本的な目標としながらそのうえでさらに、
③毎月のキャッシュフローをさらに増やして安定を図る。
④余裕のある借入と売買をしながら純資産を増やしていく。
⑤資産を次の世代に引き継ぐ。

このような最終的なゴールを目指すとよいのではないでしょうか。イメージとしては、「おわりに……7棟購入までのロードマップ」をご覧ください。

また、通常の事業の利益率は数％です。人を雇って、仕入れをして、たくさんのリスクをとって利益数％という会社は少なくありません。不動産は経費となるものが少なく、うまく経営すれば利益を大きくすることも可能です。

本書を手にした皆さんが、エクセルに5つの数字を入力するだけで投資の判断ができるWゲインシート®やこの本の不動産投資戦略によって、安定した事業と、幸せな人生を手に入れていただけたら、著者としてこれ以上うれしいことはありません。

経営者のための初めての不動産投資戦略　◎　目次

はじめに　経営者としての不動産投資の目標とゴール

第1章 なぜ、Wゲインシート®で買うべき物件が簡単にわかるのか

第2章 優良物件への最短距離

第3章 キャッシュフローがとれて値下がりしづらい都心の物件を狙う理由

第4章 現金主義を捨て「融資」を受けよう!

第5章 もっと賢く儲けるための「お金」にまつわる必須知識

第6章 不動産投資の「リスク」と失敗しないノウハウ

第7章
キャピタルゲインを上手に手元に残すための「イグジット戦略」

第8章
【徹底解説】Wゲインシート®

第1章

なぜ、Wゲインシート®で買うべき物件が簡単にわかるのか

01

実際に、どのような物件を購入すればいいのか

街を歩けば、不動産販売会社の軒先に不動産の物件情報が掲げられ、スマートフォンやパソコンで検索すると、物件情報サイトに収益物件情報が並びます。そうした情報を前にして、「どういう物件を購入すれば……」と頭を抱えてしまった人は少なくないのではないでしょうか。

人間、わからないものを前にすると、面倒くさくなります。

すると、「別に今はお金に困っているわけでもない」とか「そもそも儲かる物件は誰かが先に手を付けているのでは」と考えるなど、やらない理由を探し出します。

本音では、本業を陰で支える収益源を確保したいと思っているはずです。安定した企業の会社員ならば、来年も再来年もほぼ間違いなく、今と同じような給与が手に入ります。もちろん、今の時代は会社員の所属する企業にどこまで安定性があるかわかりませんが、相

対的に見れば、私たちのような中小企業の経営者や個人事業主のほうが先行きは不透明です。来年も、再来年も今と同じように稼げていると、自信を持って言える人は多くないのではないでしょうか。

とはいえ、目の前の仕事に追われて、面倒くさくなるのが人間です。

問題は、「はじめに」でお伝えしたような収益物件、すなわち「優良物件」がどういうものなのか、そしてその物件をいくらで購入すればよいか、が見えていないことにあります。

つまり、正しい購入方法がわかっていないなかで、答えを探そうとしているから、不動産販売会社の前でも、パソコンの前でも、あなたは途方に暮れてしまうわけです。不動産販売会社の言葉をうのみにして、優良物件についてよくわからないまま購入し、失敗するケースは少なくありません。問題なのは、何が正しいのか、わからないまま投資をしてしまうことです。

手に入れるべきものが何か、わかっていれば、あなたはワクワクしながらいくらでも時間を費やせるようになるのです。

その答えを教えてくれるのが、私が考案したWゲインシート®です。

まず、以下の「経営者向けWゲインメールマガジン登録フォーム」より、Wゲインシートをダウンロードしてみてください。

それぞれのURLでは、メールアドレスを登録いただくとWゲインシートダウンロード先のURLをダウンロードできるようになります（登録解除を希望の場合は、いつでも解除することができます）。

ダウンロードしていただいたファイルについては、第8章で解説いたします。

【パソコン用のウェブサイト】

https://24auto.biz/fudousancoaching/touroku/entryform13.htm

【スマートフォン用のウェブサイト】

https://24auto.biz/fudousancoaching/touroku/sp/entryform13.htm

02
なぜWゲインシートが答えを導き出してくれるのか

このWゲインシートを使うと、優良物件がひと目でわかるようになります。これは数学の世界と同じです。「A＝B、B＝CであればA＝Cである」と同じように、物件のさまざまな数値をWゲインシートにあてはめてみれば、答えが出てくるということです。

本来、物件の収益性は自分で計算するものです。不動産販売会社の軒先に掲げられている情報には、〝表面利回り〟しか載っていないことが多いからです。

Wゲインシートは、エクセルで作成しているので、この計算をあなたの代わりにやってくれるわけです。

しかも、さまざまなリスクを織り込んでいるため、「そうはいっても、○○や△△のリスクもあるかもしれない……」と悩む必要もありません。

とはいえ、Wゲインシートがどのようなものか、知っておく必要はあります。数式だけを暗記しても、その理屈がわかっていないと、応用が利かないのと同じです。

Wゲインシートは、不動産物件の購入時から借入を完済するまで、あるいは売却するまでの収支をまとめた表です。

ゲインは英語で「gain」、利益を意味します。Wゲインとは、2つの利益のことで、それはインカムゲインとキャピタルゲインになります。

前者は毎月入ってくるお金のことで、入居者が払う家賃によるものです。後者は売却したときに手に入るお金から購入時のお金（手数料なども含む）を差し引いたときの売買差益のことです。

Wゲインシートは、この2つのゲインに加えて、不動産投資特有のさまざまなリスクを織り込んでいるところにポイントがあります。

つまり、家賃下落リスクや空室リスク、不動産価格の値下がりリスク、金利上昇のリスクなどを「これだけ見込んでおけば間違いないだろう」といえるよう、「堅め」に設定しています。「堅め」というのは、「悪い場合を想定した数値を意図的に計算式に組み込んでいる」ということです（※一都三県＝東京都・埼玉県・千葉県・神奈川県＝の物件を想定しています）。

ですから、Wゲインシートを使うことで、そのマンションやアパートがきちんと資産になるかどうかが一目瞭然になるのです。

03

Wゲインシートは、このように使う

それでは、不動産販売会社でよく見かける「マイソク」と呼ばれる不動産（物件）の概要資料の例から数字を抜き出し、「Wゲインシート（エクセルシート）」を埋めてみるとどうなるかを見ていくことにします。

Wゲインシートとは、不動産物件の購入時から借入の完済、もしくは売却するまでの収支を1枚にまとめた表で、私が開発しました。この表を見ることで、購入を検討する物件が、負債ではなく、購入後にどれくらい利益が出るかが一目瞭然になります。

このシートを使うことによって、実際に

①物件価格に対して

②自己資金をどれくらい用意して

③ローンの年収を何年にして

④金利をx％でローンを組んで購入した場合

⑤実際にどれくらい利益が出るか

具体的な数字を算出することができます。

まずは、こちらのマイソクを見てください。

これは、実際のものではありませんが、私のこれまでの経験上、十分にあり得る物件として作ってみました。

建物やマップはイラストになっていますが、実際には写真画像とグーグルマップなどの地図をスクリーンショットしたものが掲載されているのが一般的です。

このマイソクもとに、Wゲインシートのエクセルに記入すると34~35ページのようになります。

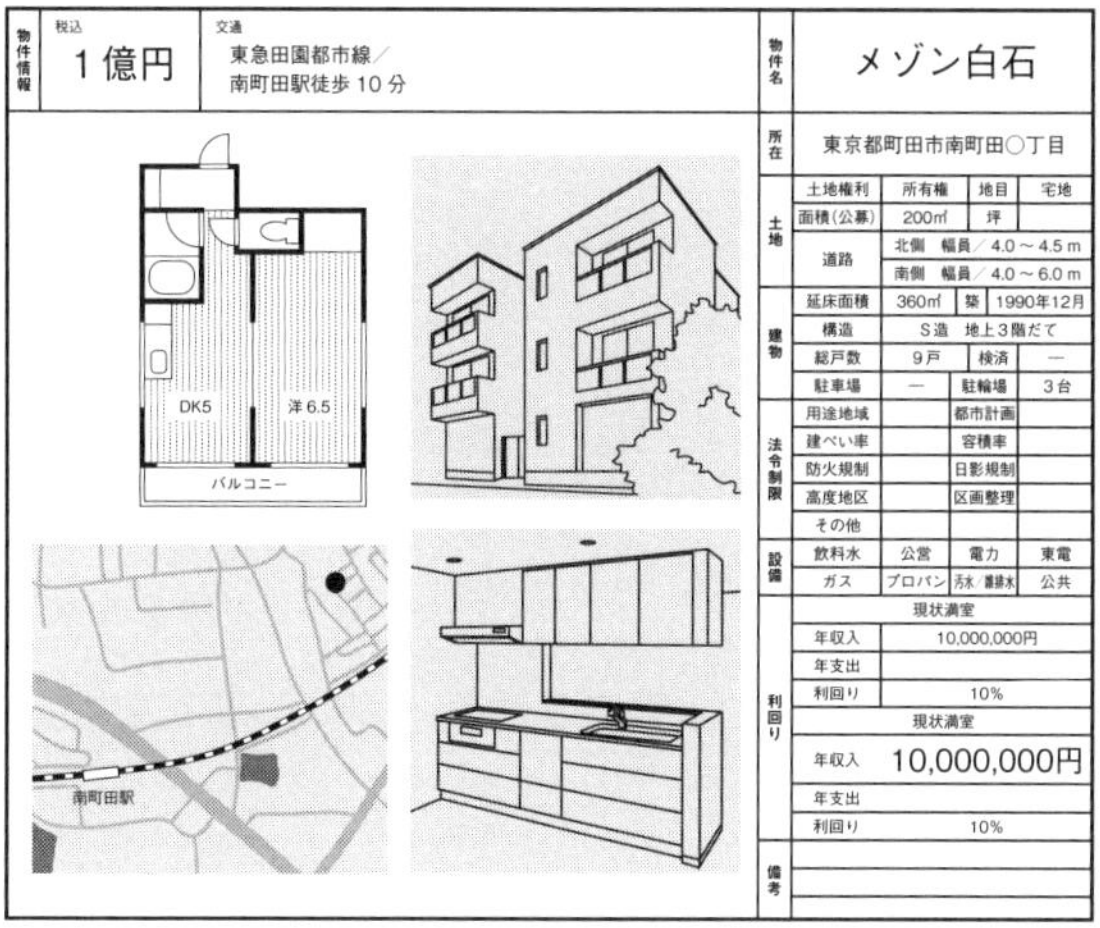

CCR(ROE)＝自己資金利回り(初年度)＝CF(初年度)/自己資金(準備現金)						24.2%	PB(自己資金回収期間)〔年〕＝自己資金/CF(初年度)					4.1
返済比率=返済額/総収入(50%以下)	DCR=NOI/返済額(1・3以上)	表面利回り(%)	実質利回り(CFR)(%)=NOI/購価	実質CF(万)=NOI-返済/年	実質CF(実績)	実質累計CF(万)	累計CF(実績)	経過年数(年目)	購入利回り+1%で売った場合の売値 11.00%	総CF=売値-残債+累計CF-自己資金	累計、自己資金利回り(CCR・ROE)=総CF/自己資金	残債
38.8	2.1	10.0	7.5	412		412		1	9,091	-969	-57	8,772
39.3	2.0	9.9	7.4	402		813		2	8,980	-446	-26	8,539
39.8	2.0	9.8	7.3	392		1,205		3	8,870	73	4	8,302
40.3	2.0	9.6	7.2	383		1,588		4	8,762	589	35	8,061
40.8	2.0	9.5	7.1	373		1,961		5	8,655	1,101	65	7,816
41.3	1.9	9.4	7.0	364		2,325		6	8,550	1,609	95	7,566
41.8	1.9	9.3	6.9	355		2,680		7	8,445	2,113	124	7,312
42.3	1.9	9.2	6.9	346		3,025		8	8,342	2,615	154	7,053
42.9	1.9	9.1	6.8	337		3,362		9	8,241	3,114	183	6,789
43.4	1.8	9.0	6.7	328		3,690		10	8,140	3,609	212	6,521
43.9	1.8	8.8	6.6	319		4,009		11	8,041	4,103	241	6,247
44.5	1.8	8.7	6.5	310		4,320		12	7,943	4,593	270	5,969
45.0	1.8	8.6	6.5	302		4,622		13	7,846	5,082	299	5,686
45.6	1.8	8.5	6.4	294		4,915		14	7,750	5,568	328	5,397
46.1	1.7	8.4	6.3	285		5,200		15	7,656	6,052	356	5,103
46.7	1.7	8.3	6.2	277		5,477		16	7,562	6,535	384	4,804
47.3	1.7	8.2	6.1	269		5,746		17	7,470	7,016	413	4,500
47.9	1.7	8.1	6.1	261		6,007		18	7,379	7,496	441	4,190
48.5	1.7	8.0	6.0	253		6,260		19	7,289	7,975	469	3,874
49.1	1.6	7.9	5.9	245		6,505		20	7,200	8,452	497	3,553
54.1	1.5	7.2	5.4	186		8,195		28	6,526	12,259	721	763
54.8	1.5	7.1	5.3	179		8,374		29	6,447	12,736	749	385
55.5	1.4	7.0	5.2	172		8,546		30	6,368	13,214	777	0
		6.9		554				31			805	
		6.8	5.1			9,647			6,214	14,160		0
		6.8	5.0	540		10,187		33	6,138	14,625	860	0
		6.7	5.0	534		10,720		34	6,063	15,083	887	0
		6.6	4.9	527		11,247		35	5,989	15,536	914	0

A

B

メゾン白石		価格	10,000		利回り	10.00%		年収(万)	1000	月収(万)	83.3
総返済額(万)		11,654		月額(収入ー返済)(万)			51.0	現金準備(万)		1700	
店頭価格(万) ❶	購入価格(万)=店頭+諸費用 ア 7.00%	金利(%) ❷	返済年数(年) ❸	借入率(%) ❹	借入(万)	返済額/月(万)	返済額/年(万)	利回り(%) ❺	家賃/月(下落率年1・22%)30年30% イ 1.22%	総収入(万) ウ	NOI=総収入－空室リスク(10%)－運営費(10%)(万) 20.0%
10,000	10,700	1.8	30	90.0%	9,000	32.4	388	10.00%	83.3	1,000	800
10,000	10,700	1.8	30		9,000	32.4	388		82.3	988	790
10,000	10,700	1.8	30		9,000	32.4	388		81.3	976	781
10,000	10,700	1.8	30		9,000	32.4	388		80.3	964	771
10,000	10,700	1.8	30		9,000	32.4	388		79.3	952	762
10,000	10,700	1.8	30		9,000	32.4	388		78.4	940	752
10,000	10,700	1.8	30		9,000	32.4	388		77.4	929	743
10,000	10,700	1.8	30		9,000	32.4	388		76.5	918	734
10,000	10,700	1.8	30		9,000	32.4	388		75.5	906	725
10,000	10,700	1.8	30		9,000	32.4	388		74.6	895	716
10,000	10,700	1.8	30		9,000	32.4	388		73.7	884	708
10,000	10,700	1.8	30		9,000	32.4	388		72.8	874	699
10,000	10,700	1.8	30		9,000	32.4	388		71.9	863	690
10,000	10,700	1.8	30		9,000	32.4	388		71.0	853	682
10,000	10,700	1.8	30		9,000	32.4	388		70.2	842	674
10,000	10,700	1.8	30		9,000	32.4	388		69.3	832	665
10,000	10,700	1.8	30		9,000	32.4	388		68.5	822	657
10,000	10,700	1.8	30		9,000	32.4	388		67.6	812	649
10,000	10,700	1.8	30		9,000	32.4	388		66.8	802	641
10,000	10,700	1.8	30		9,000	32.4	388		66.0	792	634
10,000	10,700	1.8	30		9,000	32.4	388		59.8	718	574
10,000	10,700	1.8	30		9,000	32.4	388		59.1	709	567
10,000	10,700	1.8	30		9,000	32.4	388		58.4	700	560
[illegible]000	10,7[illegible]	[illegible]	[illegible]		[illegible]	[illegible]	0		[illegible]7.7	692	[illegible]
10,0[illegible]	[illegible],700	1.8	30		[illegible],000	0.0	[illegible]		57.[illegible]	[illegible]	547
10,000	10,700	1.8	30		9,000	0.0	0		56.3	675	540
10,000	10,700	1.8	30		9,000	0.0	0		55.6	667	534
10,000	10,700	1.8	30		9,000	0.0	0		54.9	659	527

どうでしょうか。少し解説が必要かもしれません。

まず、物件を手に入れた最初の年から、約412万円のキャッシュが手元に残ることがわかりますⒶ。

さらに、5年目には累計で約1961万円の現金が入ってくることになりますⒷ。頭金は物件の10%=1000万円、それと諸経費のおよそ700万年を足して合計1700万円なので、5年で使った自己資金が返ってくることになります。

また、15年目で同物件を売却したとします。仮に購入利回り+1%で売却できたと仮定すると、売値が7656万円となります。それまでのインカムゲイン（5200万円から所得税+修繕積立金30%を引いた3640万円）を足して、頭金と諸費用1700万円、残債5103万円を引くと4493万円が残ります。

つまり、15年で4493万円の収入になるという計算になります。もちろん数字のとおりにいくとは限りませんが、決して不可能な数字ではありません。

こうした不動産投資ができれば、間違いなく経営者である皆さんを支える屋台骨のひとつになるでしょう。安定的なお金が入ってくれれば、本業で安心して勝負ができますから、本業のほうもこれまで以上に順調になるのではないでしょうか。Wゲインシートとは、不動産投資におけるインカムゲイン＝家賃収入と、キャピタルゲイン＝売却益とを合わせたものの意味なのですが、本業と合わせればトリプルゲインにすることも可能なのです。

このような私の投資法を、これから紹介していきます。

04 Wゲインシートでポイントとなる5つの数字

Wゲインシートに必要なのは、5つの数字です（シート内のセルが青い項目）。

優良物件であるかどうかを知りたい物件の価格、その物件を購入するときの借入率、借入の際のローン年数、あなたが金融機関からお金を借りるときの金利、そして利回りです。

店頭価格（グレーのセル　の❶）……売り主が「なぜその金額で売りたいか」は気にしなくてよい

店頭価格は、一目瞭然です。不動産販売会社の軒先やインターネットの物件情報サイトに掲げられている物件情報の数字のことです。

ただ、人間は感情を持っているので、「この価格は相場より高いから、交渉すれば安くなるはず」とか「相場よりもだいぶ安い。何かネガティブな理由があるに違いない」といったことを感じるかもしれません。

そうした感情は、Wゲインシートを用いて優良物件を探す段階では考えなくてよいでしょう。なぜなら、「優良物件」という土俵にあげられる物件はそこまで多くないからです。いえ、むしろ非常に少ないといったほうが正しいでしょう。

相場より高く売っているのも、安く売っているのも、それ相応の理由があります。でも、その理由は売り手によって実にさまざまであり。非常に個人的なことです。不動産販売会社やインターネットに出ている情報だけで、それを知ることはできません。しかも、たとえば売り手が「事業に失敗したから売っていた」とわかったとしても、それはあなたには関係のないことです。

「その売り手は、その金額で売りたい」ということだけで必要十分なのです。

金利（グレーのセル　の❷）……金融機関から提示された借入に対する金利

金融機関からお金を借りるときには、当然ながら金利がかかります。その数字も入力に使います。

事前に金融機関に確認しておくと、シミュレーションが可能になります。

基本的に、不動産投資ローンは住宅ローンと比べて高い設定になっています。おおよそ1％台後半から3％台が目安です。

金融機関によって条件は異なるので、1行だけでなく、複数の金融機関をまわるようにしましょう。

返済年数（グレーのセル　の❸）……金融機関から提示された借入に対する返済年数

不動産投資ローンの返済年数は、人によって異なります。一般に、年齢が若いほうが有利だといわれていますが、資産（担保）の有無や、その投資内容によっても変動します。

実需用に利用される住宅ローンはその人の属性や年収などの返済能力が重視される一方で、不動産投資ローンは投資自体の優劣が重視される傾向にあります。つまり、今から行おうとしている不動産投資という事業が、きちんと採算に合っているか、今後もきちんと返済し続けられるかを見られるということです。

何年のローンでいくらくらい借りられるかということは、物件の購入を具体的に検討するより前に、金融機関に足を運んで、ある程度の見当をつけておくといいでしょう。

借入率（グレーのセル■の❹）……借入金額÷物件価格×100

たとえば1億円の物件を購入するときに、頭金として1000万円を用意できるのならば、金融機関からの借入は9000万円になります。つまり頭金の割合が10％で借入率が90％ということになります。

この場合、Wゲインシートには「90」の数字を入力することになります。

ほとんどの不動産投資家は、自己資金以上に借入を行っています。端的にいえば、大きな借入を行うことで、大きなリターンを得ようという考えです。

そう表現すると、ハイリスクであるように感じますが、そうとは言い切れません。皆さんもご存じのように、今は超低金利時代だからです。金利が限りなく安いからこそ、頭金を10～20％程度にとどめた場合でも、リスクを抑えたままの不動産投資が可能なのです。

利回り（グレーのセル　の❺）……物件情報に記載されている満室時の数字を転載すればよい

物件の利回りも入力します。通常は物件情報に「表面利回り○％」とか「満室利回り○％」と書かれているもので、それを転載すればいいだけです。こうした数字は、空室リスクや経年による家賃の値下がりリスクなどが加味されていないのですが、それらはWゲインシートのほうで考慮しているので、心配する必要はありません。

以上の5つの数字を入力すればOKです。すると、その物件のインカムゲインとキャピタルゲインが算出でき、購入してもよい物件か否かがわかります。

また、これまでの青いセルの5つの項目以外についても、簡単に説明いたします。

【セルが網点の項目　】

購入価格（＝店頭価格＋諸費用）（網点のセル　の㋐）……店頭価格に諸費用を足したものが計算されます。

諸費用の初期値は7％で計算されていますが、購入する物件や、融資を受ける銀行によっても数値が変わりますので、実際の購入物件に合わせて補正してください。

家賃／月（網点のセル　の㋑）……初年度は利回りから月額家賃を計算していますが、次年度以降は年1・22％の家賃下落率を入れて減少させています。

30年間の下落率を30％としているので、初期値の年間下落率は1・22％にしています（一都三県の物件を想定しています。地方の物件の下落率は、より大きくなるでしょう）。

NOI（網点のセル　の㋒）……総収入（家賃収入）から空室損と経費合計20％を差し引いた金額です。初期値を20％としていますので、運営しながら実態と乖離していったら、変更することもできます。悪化傾向に乖離していた場合は原因も究明して対応を考える必要があります。

【セルが白い項目】

物件名……任意で記載しておくと、あとでどの物件のデータかがわかりやすいです。

借入（万）……店頭価格（＝販売価格）の内、借入率に相当する金額が表示されます。これが借り入れの元金になります。

返済額／月／年……月額の返済額、年間の返済額を表します（元利均等払い）。

家賃／月……月額の家賃を表しています。次年度は前年度の家賃に1から下落率を引いた値をかけています。30年間で約30％の下落になるように、年間1・22％が下落率になります。

総収入……家賃の月額を12倍にして年収を計算しています（初年度は店頭価格に利回りをかけた金額と同じになります）。

返済比率……返済額を総収入で割った値です。50％なら総収入の半分が返済額となります。

DCR（債務償還余裕率）……年収から経費と空室損を引いて（＝NOI）、返済額で割った値です。

表面利回り……初年度は利回りの項と同じです。次年度から家賃が下落していくので、この利回りの値も下がっていきます。

実質利回り……NOI（実収入）÷購入価格（店頭価格に諸費用を足した額）×100で求められます。

実質キャッシュフロー……NOI（実収入）から返済額を引いた手残りを表します。

実質キャッシュフロー（実績）……実績を記載し、想定と比較することで業績を評価します。

実質累計キャッシュフロー……年毎の実質キャッシュフローを足して、累計を計算します。

実質キャッシュフロー（実績）……実績の実質キャッシュフローの累計を記載します。想定と比較し、業績の評価をします。

購入時の利回りを1％上げて売却した場合の売値……かなりラフな想定売却益の計算です。

総キャッシュフロー……物件を売却して、すべての投資活動を終えたときの全ての収支が表示されます。

累計自己資金利回り……累計のキャッシュフローを自己資金で割って、自己資金の何パーセントを得られたかを表します。

残債……経過年ごとの残債を表します。

第2章

優良物件への最短距離

05

優良物件はどこで見つかるのか

前章で、Wゲインシートを用いれば、その物件が買うべきなのか、買うべきではないのかがわかるということをお伝えしました。

もうひとつ、皆さんがとても気になることがあると思います。買うべき物件はどこにあるのか、ということです。

まずは、その物件が優良物件かどうかに関係なく、物件と出合う方法を考えてみましょう。

物件情報は、大きく分けて「不動産物件ポータルサイト」「不動産販売会社」「クチコミ」「広告」にあります。それぞれ見ていきましょう。

まず「不動産物件ポータルサイト」です。これは最もハードルが低い物件との出合い方です。誰でも通信環境さえあれば閲覧できます。

投資用の不動産物件情報ポータルサイトとして最も有名なのは、「楽待 https://www.

rakumachi.jp/」と「健美家 https://www.kenbiya.com/」です。どちらのサイトも、投資家が知りたい情報で絞り込みやすい設計になっているので、非常に使い勝手がよいといえます。

「楽待」の運営会社は、上場企業でもある株式会社ファーストロジックです。「投資用不動産に特化した国内最大の不動産ポータルサイト」を自負しているとおり、その物件掲載数は業界ナンバーワンといって間違いないでしょう。同社が運営する姉妹サイト「楽待不動産投資新聞」には、日々変わる不動産に関わる社会情勢や法改正のニュースなども掲載されていて、実際に不動産を買わずとも、読むだけで大変勉強になります。

「健美家」は、不動産投資物件サイトの先駆けともいえるサイトで、2005年4月に健美家株式会社が本格始動させました。こちらも投資家によるコラムやブログ記事が掲載され、賃貸経営に直接役立つような情報も載せています。

そのほかにも、多数の不動産物件サイトがあります。また、宅建業者（不動産業者）向けの不動産流通標準情報システム・レインズなどがあります。

また大手IT企業のヤフーが行っている「ヤフー不動産」もあります。1999年に始めたサービスですが、2015年に「ソニー不動産」と業務提携を行ったことで、一気にサイトの注目度が上がりました。個人間の売買が可能な「おうちダイレクト」というサービスもあります。ほかのポータルサイトとは目指しているところが異なるため、意外な優良物件に出合える可能性もあるかもしれません。


不動産物件サイトが勃興する以前、物件探しの主流だったのは「不動産販売会社」です。私は不動産販売会社には大きく分けて2つあると考えています。ひとつは地元に根ざした不動産販売会社で、もうひとつは全国規模の大きな不動産販売会社です。

いずれにしても、多くの不動産販売会社は店頭に「マイソク」と呼ばれる物件情報を掲げています。不動産販売会社は、独自のネットワークで不動産情報を持っているほか、先ほど触れたレインズというシステムを利用することで、他社が扱う不動産を仲介（紹介）することもできます。なお、不動産販売会社は独自にメルマガや顧客に対するダイレクトメールの配信を行っています。いち早く届く旬な情報であるため、ぜひ活用したい情報源のひとつだといえます。

クチコミも、不動産情報を手にする貴重な方法ひとつです。クチコミは人伝《ひとづて》に届くものです。では、その人とは誰のことでしょうか。

ひとつには、「金融機関」があります。銀行が顧客に対して、「こういう物件がありますが、興味ありませんか？」と言ってくることがあります。さらに工務店やリフォーム会社なども、普段から地主や投資物件のオーナーとの人間関係があるので、情報を持っていることがあります。税理士や会計士、弁護士といった士業に携わる人たちも、不動産のオーナー（たとえば皆さんのような会社経営者など）との接点が比較的多いので、外には出回りにくい話があるかもしれません。それから可能性は低いですが、地元密着で商売をしている方なども、噂レベルで物件情報を持っていることがありますし、友人や親戚を経由して情報が流れてくることもあります。

広告も、不動産情報を手に入れられる情報源です。駅やコンビニエンスストアにあるタウン誌、郵便受けに入れられたチラシ、新聞の折り込み、新聞広告などを意識して見てみると、思いのほか不動産の情報が数多くあります。

このように物件に出合う方法は複数あります。そのなかでどの方法を選べば高い確率で優良物件と巡り合えるのか、見ていきましょう。まずは実際に優良物件に出合い、不動産投資をすでに始めている方の方法を紹介します。

Aさんの場合

都心から1時間ほど離れた街で、約50人の従業員を抱えるサービス業の経営に携わるAさん。40歳を目前にして子どもができたこともあり、将来の先行きが不安になりました。

「現在、私自身の収入は月80万円ほどあります。ボーナスを含めるとだいたい年収1000万~1200万円です。平均年収に比べれば多いかもしれませんが、私たちのような中小企業は、ちょっとしたことでも業績はがくんと落ち込みます。大企業の給与所得1000万円と違って、先行きが明るいとは言い切れません」

そうしたなか、持っている資産を活用し、本業とはまったく別の収入源を確保しようと考え、Aさんはビジネス書を読み漁ったそうです。

「半年で50冊以上、年ベースでいうと100冊以上のビジネス書を読みました。不動産投資を筆頭に、化粧品販売業、コインランドリー経営、コンテナ倉庫の運営、飲食店、移動販売など、業種をあまり絞らずに、手当たり次第に学んでいきました」

たくさんの書籍を読むうちに、不動産投資に芽があると感じたAさんは、不動産投資セミナーや勉強会に通い始めます。なるべく古い中古物件を購入し、リノベーションをして客付けをしていく方法、都心部の区分マンションを自分でリフォームして転売する方法などがあるなか、Wゲインシートを用いた私の不動産投資法を見つけたそうです。

「中古物件の市場は、過熱気味だと思っていたので、とにかくスピードを重視しようと考えました。そこからはビジネス書を読む時間をゼロにして、不動産情報を探し続けました」

インターネットを中心に、不動産情報を手当たり次第に探していったAさん。しかし、なかなか数字の合う物件にはたどり着けなかったようです。

「考えてみれば、そんなにすぐに見つかるはずがないんです。条件のいい物件なら、オーナーは売りたいと思いませんし、たとえ何らかの事情で売りに出されたとしても、すぐに百戦錬磨の不動産投資家が手を挙げるでしょうから」

Aさんはしばらくして、考え方を改めました。

「時間があればじっくりと自分で考えながらやって、実績を積み上げていくこともできるかもしれない。でも、不動産投資はそうではない。どう考えても、じっくりとやっていたら、いつまでも初めの一歩を踏み出せない。それならば、情報を持っている人の協力を仰いだほうが早いはずだ」

そして、Aさんは物件探しに長けている人を頼り、「優良物件を紹介してほしい」とお願いしたそうです。そこには次のような狙いがあったともいいます。

「会社の経営もそうなのですが、自分がやるべき仕事と、誰かに任せる仕事というのがあります。その意味で、自分が素人なりに、時間をかけて物件探しをするよりも、物件探しに長けている人にお願いをしたほうが、時間にレバレッジをかけられる。そう考えました」

もちろんAさん自身で、不動産販売会社に行き、物件を紹介してもらったこともありました。銀行にも行き、具体的な融資の話をしたこともありました。しかし、「一見《いちげん》のお客さんはなかなか相手にされないと感じました」とAさんが語るとおり、うまくいきませんでした。

Aさんは続けます。

「一人だけではなく、不動産投資のお手伝いをしてくれる方は複数人にお会いしました。ある人からはコンサル料として数百万円がかかると言われ、それは無理だとお断りしました。実際に購入させてもらったところは、成果報酬というかたちでしたし、良心的な値段だったので、お願いすることになりました」

初めにAさんが紹介されたのは、不動産販売会社が売り主の一棟RCマンション。その方が懇意にしていた不動産販売会社のつながりで、物件情報を市場にオープンする1週間前に話がきたものだといいます。Wゲインシートに実際に数字を入れてみたところ、OKでした。

「これでいこうと、すぐに銀行の審査に移りました」とAさん。融資審査に入りましたが、初めてということもあり、金融機関の担当者との手続きで時間がかかり、物件情報がオープンになってから動きだした別の投資家に取られてしまったそうです。

「本当にタッチの差でした。『別の買い手に決まってしまいました』という連絡を頂いた次の日に、銀行から『審査が通りました』と報告があって……」

Aさんの分析では、その投資家は、金利が高いけれど、迅速に審査が終わるノンバンク系だったのではないかと考えています。

「売り手の不動産販売会社も、『〇〇さんの知り合いなら』ということで、2～3日は〝待った〟をかけてくれていたのですが、それでも勝てませんでした。そのときに、やはり一見さんでは立ち行かないと確信しました」

Aさんは引き続き、同じ人にお願いしました。数カ月後、次の物件を紹介されたそうですが、今回は金融機関の担当者にも「迅速に手続きをお願いします」と念押しをしたと語ります。その結果、購入することができました。

「その物件の減価償却は22年だったので、20年や25年返済でもいいと考えていたのですが、キャッシュフローを残すために融資期間を30年に設定しました。物件の場所は横浜市です。私が住んでいるエリアではないのですが、東京、千葉、埼玉、神奈川の都心に近い場所なら問題ないと考えていたので、心配はしていません。頭金は物件価格の10％にしました」

ちなみに、キャッシュフローを残すという考え方は、今後さらに物件を増やしていく際に有利になるのを睨んでのことだとAさんはいいます。

不動産投資という副業を手に入れたことで、２つの効果を身にしみて感じているとAさんは続けます。ひとつ目は、精神的に楽になったということ。Aさんは次のように話します。

「本業の先行きがとにかく不安でしたから、こうやって別の収入源が手に入ったことで、すごくストレスが減りました。基本的に経営者といっても、従業員の生活を守らないといけないわけですから、下手なことはできないわけです。冒険ができない。常に何かに縛られている。でも、不動産投資のほうは、自分のお金で自分の責任でやっていることなので、好きにできる。本業と不動産投資で、うまく心の平静が保てるということです」

もうひとつは、視野が広がったということ。

「副業というか、複数のほうの複業という意味で、自分の経営者としての視野が広がったとも感じています。やはり、普段の仕事ではいつもと同じ相手と仕事をしているわけです。従業員はもちろん、取引先もそうです。そうなると、『景気が悪い』とか『人が採れない』とか、同じような話をずっと耳にし続けるんです。当然、それではどんどん視野が狭くなっていきます。そのようなときに、全然別の業種の人たちと仕事ができると、『自分はなんて狭い世界に生きていたのか』と気づくことができます。これもすごく大きいですね」

もちろんAさんは、これまで培った経営者としての経験を、不動産投資でも役立てています。代表的なのが、物件の周りの掃除についてです。管理会社に一任してしまうのではなく、なるべくお金をかけないよう工夫を凝らしています。

「たぶん虫がたくさん出るだろうなと思っていたら、案の定多くて、定期的な片付けが必要だということがわかりました。それで、どのくらいの作業量と時間がかかるのかを調べるために、実際に自分で草むしりをして、ストップウォッチで測りました。そのデータをもとに、シルバー人材センターの契約状況を確認して、これくらいの金額と時間だったら、作業してもらえる人が見つかるだろうという目星をつけて、担当者とも打ち合わせを済ませました」

普通、こうした視点を最初から持ち合わせている不動産投資家はいません。さすが、経営者は違うなと感じさせられます。

Bさんの場合

2020年現在、2棟のアパートを所有しているのが、個人事業主として働くBさんです。不動産投資を始めたきっかけは、本業の仕事に波があったこと、そして子どものためでした。

「夫は正社員として働いていますが、年収は500万円ほどです。もともと夫婦ともに地方出身なので、自宅にかかる固定費が家計を圧迫していました。生まれてきた子どもに思う存分の教育費をかけてあげたいという思いもあって、子育てをしながら個人事業主として働くという選択を取っていました」

個人事業主としての年商は200万円程度でしたが、仕事には波があり、忙しいときには家事もままならなくなり、夫婦で衝突してしまうこともあったようです。

「もっと効率よく働かないといけないと思いました。でも、仕事の量を自分でコントロールしていくほどの余裕がなく、クライアントからくる依頼のままに、操り人形のような働き方をしていたので、生活サイクルを変えることはなかなかできませんでした」

そうしたなか、Bさんは考え方を変えました。副業として不動産投資を行い、安定したお金が入ってくるようにすれば、本業のほうも自分で仕事を選ぶことができ、効率のいい働き方ができるのではないか、と思ったのです。そのために、Wゲインシートを用いながら、インターネットで物件情報をチェックしましたが、なかなか「これだ」というものとは出合えませんでした。

そこで大学時代に馴染みのあった駅に行き、地元の小さな不動産販売会社を訪ねました。そこで自分の条件を伝え、「近くでよい物件が出てきたら、紹介してほしい」と話したといいます。

その結果、2017年にBさんは、その小さな不動産販売会社が紹介してきた10戸のアパートを約1億円で購入しました。その物件が、事前にWゲインシートでシミュレーションしたとおり、初年度からきちんとキャッシュフローが残ったことから、翌年、同じ不動産販売会社から別の物件紹介があったときに、二つ返事で購入することができました。

「相場感を知るために、街でもインターネットでも、ずっと不動産情報にかじりついていましたね。だから、Wゲインシートを使って、何度もシミュレーションしていたので、ちょっと数字を聞いただけで、可能性がある物件かどうかがわかる状態になっていました」

もちろん、Bさんは不動産投資をするのは初めてでしたから、「心配事もたくさんあった」と振り返ります。

「1棟目は学生向けアパートで10月引き渡しだったので、実際に住み始める翌年4月までの間にすべての部屋の居住者が決まるかと、家賃が入ってくる前に利息の支払いがかさむことが気がかりでした。その旨を銀行に伝えたところ、3月までは利息分だけの支払いにしていただき、4月からは家賃が入ってから支払えることになりました」

現在は、無事に満室稼働中だということです。

また、かなり古いアパートだった2棟目も、入居者が留まってくれるだろうかと心配だったそうです。さらに、ゴミ置き場などの管理が不十分だったこともあり、雑草が縦横無尽に生えている状態で、物件を綺麗に保てるのか不安だったと言います。

「購入時に見に行ったときは、ゴミ置き場にゴミがたまったり、敷地内に雑草が生えていたりもしていたので、管理業者と連絡を取り合い、定期清掃をお願いすることにしました。すると、共用部分は問題なく綺麗に保たれるようになりました。もちろん定期清掃をすることで経費はかかりますが、そのぶんを家賃に転嫁させました。この金額だと空室が増えるかもしれないという懸念はあったものの、問題なく住み続けてくれているので、結果的に良かったと思っています」

本業はどうなったのでしょうか。最も大きかったことは、やりたい仕事を選べるようになったことと、Bさんは言います。

「初めの一棟を購入するのには、本当にうまくいくのか勇気がいりました。でも、それまでとは異なり、不動産投資で定期収入が入るようになってからは、お金のためではなく、やりたいことに特化して働くことができるようになりました。もしかしたら、そうやって仕事を選り好みしていると、収入が減るのではないかと心配もしていました」

実際には、仕事の件数は減ったものの、単価が上がったので年商が減ることもありませんでした。むしろ年商は増え、自分で仕事の量と内容をコントロールできるため、仕事の波も減り、いいこと尽《ず》くめだったそうです。

「好きなことをやってそれがお金になるという、とてもよいサイクルに入れたと思います。

お金的にも余裕が生まれましたし、精神的にもすごく安定しています」

Cさんの場合

「2009年頃、不動産投資に興味を覚え始めた」と話すCさん。きっかけは、リーマンショックなどで不況が訪れたことでした。

かねてより、インターネットを使って物販業を営んでいたCさんは、拘束時間が長いうえに、季節の変動で売り上げが大きく増減する本業に、多大なストレスを感じていたそうです。

「季節による変動もそうですが、とにかく安定しないことが不安でした。体力的にも精神的にもきつかったです。インターネットを使っていると、売上の数字をはっきりと突きつけられるうえに、24時間開店しているようなものなので、いつも疲れが取れない状態でした」

安定したお金が入ってくれれば、楽なのに……そう考えていたCさんですが、2009年になり、「市況が一気に悪くなった今は、不動産投資をするチャンスではないかと思った」といいます。

「とにかく不動産に関する書籍がたくさん出ていたので、それらを読み漁りました。そのうえでインターネットを使って物件を探し出したのですが、基準もわからなければ、エイヤッと買う勇気も出なかった。だから、不動産投資セミナーに参加して、ヒントを探っていきました」

参加料無料のものから、1回の会費が5000円~1万円程度のセミナーに参加していったCさん。当然ながら、そうしたセミナーは、営業の一環であることがほとんどです。Cさんもいろいろな勧誘を受けました。そうしたお誘いをハナから否定していたわけではないものの、踏ん切りはつかなかったといいます。

「自分で納得がいけば、『お願いします』と頭を下げるのですが、こちらが持っている疑問をぶつけても、いまひとつ反応がよくなくて。毎月の収支の表を見せてもらうと、初月からキャッシュがマイナスでした。『これは、毎月、持ち出しということですか』と尋ねると、『はい、そうです』と笑顔で答えられました。このような物件を購入したら大変だ。自分でやるしかない」。そう決心したCさんは、とにかく自分が納得のいく物件を見つけようとインターネットで探し続けました。

ある日、倉庫代わりに使っていたマンションの一室に、大きな棚を取り付けるため、知り合いの工務店の社長と話をしていると、不動産投資の話になったそうです。

「『現金が入り用になった知り合いの業者がいて、その業者がアパートを売りたがっている』ということでした。さっそく取り次いでもらって見学に行くと、理想の物件に近かったので、すぐに『買いたいです！』と伝えました」

ちょうどその半年ほど前に、相続した区分マンションを売って2000万円の現金が手元にあったCさん。1000万円を頭金に入れ、8000万円の物件を手に入れたのでした。

「そこからは、1～2年に一棟ずつ買い増していきました。現在は毎月300万円程の安定したお金が入ってくるようになりました。いざとなれば物件を売ればまとまったお金も手に入るということで、精神的にもだいぶ落ち着きました。目先の売り上げを追うのではなく、もう少し長いスパンで余裕を持った経営ができるようになったと実感しています。もう少し、所有する不動産を増やし、事業のほうは家族との時間や自由な時間を持ちながらできる範囲に縮小させていきたいと考えています」

ただし、本業を完全にやめるという気持ちはないとCさんは語ります。

「収入源を不動産に絞ってしまえば、また同じことが起きる可能性があります。2011年には東日本大震災が起きて肝を冷やしました。たまたま私が所有している物件は被害が少なかったのですが、同じことがいつ起こるともわからない。それに、どうしても不動産業だけでは信用が薄いんです。投資額が大きいですから。本業のほうが信用は厚い。つまり本業と不動産業は、お互いの欠点を補っているところがあって、より効率的になると感じています」

収入源が複数になることで安心感が得られ、本業と不動産投資を並行して行うことで相乗効果が生まれる。そのようにして、Cさんはストレスフルな生活から、離れることができたのです。

06

多くの優良物件は「人」を介して見つかる

ここからは、具体的な優良物件の探し方のコツを見ていきます。優良物件は、不動産販売会社の店頭に並ぶマイソクやインターネットに公開されている情報から見つけることもできますが、そうした誰もが手に入れることができる情報源から探し出すのは、容易なことではありません。

ですから、いかに情報を早く手にするかが大事になってくるのです。そこでポイントになるのが「人」です。公にはされていない物件情報や、「○○さんがアパートを売りたがっている」という話を、人的ネットワークを駆使して仕入れていくのです。

その「人」とは、当然ながら第一候補になるのは不動産販売会社です。といっても、不動産販売会社ではなく、不動産販売会社に勤める「人」とつながるということです。

ここで、多くの人が勘違いしているポイントがあります。それは、「お客さまは神様」というフレーズです。つまり、不動産販売会社に対して、「こっちはお金を出す神様だぞ」という態度を取ってしまう人が多いのですが、これはご法度です。

不動産販売会社は多くの顧客を抱えています。そのなかであなたは特別な顧客になる必要があります。もちろん相当な大金持ちの人であれば、どのような態度を取ってもいいでしょう。しかし、「絶対に間違った買い物はできない」と考える、本書の読者である皆さんは、誠実な対応を取っておいたほうがいいでしょう。

それは、ペコペコと頭を下げるという意味ではありません。

自分がどういう条件の物件なら買いたいと考えているのかを明確にして伝えること。もらった連絡には、「イエス」であるにしろ「ノー」であるにしろ、迅速にレスポンスを送ること。メールや電話だけで済まさず、月に1度は直接コミュニケーションを取ること。その際には、ちょっとしたお土産を忘れないことなどが必要です。

そのようにして関係性をつくり、その人にとって特別なお客さまになることができたら、ポータルサイトや別の顧客に紹介する前に、あなたのところに物件情報を持ってきてくれるようになります。そのような環境を構築するのが理想です。あとは、より詳しい理想の物件像を伝えることで、それに合った物件を探してきてもらえるようにします。

ただ、10人も20人も、そのような人間関係をつくっていたら、体がいくつあっても足りません。担当者レベルで2~3人ほど太いつながりがつくれれば十分です。

では、その2~3人はどう選べばいいのか。実は、不動産販売会社によって、あるいはそこで働く人によって、数多くある物件の中でどれを紹介するのかというのは、案外バラバラで特徴があります。手当たり次第に送ってくるところもあれば、利回りのよいものばかりを送ってくるところ、わけあり物件が多いところもあります。

ですから、最初は少し多めに不動産販売業者の担当者と会ってみましょう。その後に、自分の感覚や好みに合っていると感じる相手に絞っていけばいいのです。

ただし、販売会社の担当者と知り合うために各社のウェブサイトから会員登録をする場合は、個人情報が伝わるので、営業の電話が頻繁にかかってきたり、メールが湯水のように送られてきます。もし、営業色が強い会社だった場合は断わるなどしていきましょう。また、個人情報の漏洩も問題になっています。信用できる会社に限り、個人情報を開示しましょう。

07

優良物件を紹介してくれる「味方」はどこにいる？

そうした皆さんの味方となってくれる人は、不動産販売会社だけに限りません。ほかにも銀行、工務店、リフォーム・リノベーション会社なども物件情報を持ってきてくれる可能性があります。

ただ、やはり第一選択は不動産販売会社です。特に一棟目を購入する前だと、不動産販売会社一択になります。工務店などは、実際にマンションを持つようになってからつながりが生まれ、仕事をお願いすることによって、強固な関係がつくれるようになります。彼らも事業者です。したがって、「この人に物件を紹介したら、うちに仕事をくれる」という期待値を込みで紹介するケースが多いからです。

ここで、私なりの不動産販売会社を選ぶコツをお伝えします。

自分が住んでいるエリアにある不動産販売会社がよいということはなく、むしろより大事な視点は、レスポンスのスピード感です。反応は、早ければ早いほどいいでしょう。それは、その人が誠実であるかどうかのものさしになるばかりでなく、あなたがどれだけ重要な顧客と認識されているかもわかるからです。加えて、実際に購入する段階に入ったらスピード勝負になるので、単純に仕事が早くないと、買い逃してしまう可能性が高まります。その意味でも、レスポンスは早いほうがいいのです。

また、不動産販売会社は「大手のほうが安心だ」と考える人もいるかもしれませんが、そのようなことはありません。むしろ大きなところほど、担当者の裁量が小さいことに加え、お金持ちの顧客をたくさん抱えていることも少なくないのです。頭にあるのは、税金対策になるようなキャッシュフローがあまり出ない物件であることが多いのが実情です。

ですから、投資用不動産ばかりを扱っていて、そこまで規模が大きくないところがお勧めです。具体的には4～5人で会社を回していて、濃い人間関係のなかで勝負していているところです。私が懇意にしている不動産販売会社で「全社を挙げて、物件購入のお手伝いをさせていただきます」といわれ、その対応に喜んでいたら、社員が2名の会社だったということもありました。ただ、そういった会社は、誠心誠意、対応してくれるように私は感じています。

私の経験上、不動産販売会社同士は連絡を密にしている、という印象があります。特に地域に根ざしたようなあまり大きくないところは、その傾向が強いと思います。そういった不動産販売会社は、「○○さんの紹介」というだけで、一気に距離を縮めることができます。皆さんはすでに会社の経営者ですから、いろいろなお付き合いをお持ちでしょう。たとえば社員用の賃貸物件を扱ってくれている不動産販売会社があったら、そこから口をきいてもらうといいのではないでしょうか。

08

「味方」ができたら積極性と少しの厚かましさで一棟目を手に入れる

投資用物件を扱う不動産販売会社と関係性がつくれたら、「自分はこういう物件がほしいと思っている」ということを積極的に情報発信します。

場合によっては、将来の投資家像を語るのもいいでしょう。たとえば「10年後には5棟のマンションを保有したいと思っている」といった設計図を伝えるのです。すると、相手は「今回のお付き合いだけでなく、今後もこの人は物件を購入してくれそうだ」と思うわけです。すると、たとえ過去に不動産投資の実績がないあなたにも、一棟目としてよい物件を持ってきてくれる可能性が高まります。

また、雑談のなかで自分の本業について触れてもいいでしょう。すると、相手はこう思います。本業でお金を借りている経験があるなら、融資を受けるということに慣れているし、抵抗はないだろう、と。

というのも、会社員で投資家を目指している人などは、どうしても不動産の融資金額にびっくりして、土壇場で腰が引けてしまうことが多々あります。「本当に1億円も投資していいのだろうか」と。本人だけでなく、家族から「待った」がかかることもあります。

一方、自分で会社を経営しているような人は、数千万〜1億円くらいの融資はさして珍しいことでもありません。ですから、安心して物件を紹介できるというわけです。

さらに、経営者は事業計画書を考えたり、作成したりすることにも長けています。ですから、不動産投資における展望も、スラスラと伝えられるでしょう。

先に、不動産販売会社にとって顧客はあなただけではない、ということをお伝えしました。だからといって、必要以上に自分を小さく見せる必要はありません。

むしろ、少し厚かましいくらいの態度で、自分がいかに優良な顧客なのかを伝えることは、その後の不動産販売会社とのお付き合いにも好影響を与える可能性が高いといえます。

09

実はインターネットでも優良物件は見つかる

インターネットでも優良物件は見つかります。不動産物件ポータルサイトでも、Wゲインシートの数字で、基準に近いような物件はときどき出てきます。

そうしたときに、大事なことはふたつ。まずスピード。何度もお伝えしているように、いい物件はライバルがたくさんいますから、いかに早く買いますと手を挙げるか。そして、融資の話を通すかがポイントになります。

少し前までは「買います」と申し込みを行った順番が重視されていましたが、私の感覚では数年前から融資が通った順番を優先するようになりました。不動産投資家の数が増えていることや、いろいろなレベルの不動産投資家が出てきたことによって変わった、というのが私の見解ですが、とにもかくにもお金の都合がついた人の優先順位が上ということになってきました。その意味では、もちろん現金（キャッシュ）がいちばん強いわけですが、次に資金調達に見通しがついた人が強いのです。

とはいえ、売り手や不動産販売会社も人間関係、業者間関係のなかで生きているので、やはり知り合いに売りたいという側面もあります。ですからスピード＝人間関係という部分もありますので、インターネットでいい物件が見つかる可能性があるといっても、不動産販売会社との関係性を軽視していいわけではありません。

もうひとつ大事なことは、不完全な物件にこそ、優良物件が眠っている可能性があるという視点です。

たとえばポータルサイトに掲載されている物件で、売れ残っているものがあったとします。そうした物件のなかには、「ここの数字さえ変われば、買いなのに」というものがあります。極端な例でいえば、「物件価格が1億5000万円から1億3500万円になれば買うのに」といった具合です。そのようなケースで、うまく交渉できるのが経営者です。日頃、本業で培ってきた交渉力で値引きに成功すれば、晴れて優良物件が手に入るというわけです。

売れ残っているのには、理由があります。その理由を知恵と工夫で解決できれば、まったく問題ないわけです。交渉の仕方は、売れ残っている原因を指摘していく、というようなやり方ではありません。

「自分はこういうスタンスで不動産投資をしている。この物件は、立地も築年数も理想に近いのですが、物件価格が想定よりも300万円高いのです。ですから、あと300万円安くなれば買います」と直接、伝えるだけでいいのです。

このときに、「安くなったら検討するんですが」というような中途半端なことではなく、きっぱりと「○○円安くなれば買う」と断言することです。

もちろん売れ残っている原因が心配だという人もいるでしょう。たとえば、踏切が近くにあって、音と照明が気になるという物件だったとします。

それならば、遮光カーテンを設備として入れ、防音設備を入れればいいわけです。その2つに300万円がかかるならば、300万円が値引きできればいいですよね。

ただし、気をつけないといけないのは、「買います」と断言しておきながら、値引き交渉後に「買わない」と態度を翻した場合、間に入ってくれた不動産販売会社との関係性にヒビが入ります。特に私がお勧めしたようなあまり大きくない規模でやっている不動産販売会社は、人間関係のなかでうまく商売をしているところばかりです。そういう相手の顔をつぶしてしまえば、その後の関係はなくなってしまいます。

10 指値におけるポイント／考え方

一般的に、こうした価格交渉は指値と呼ばれるものです。基本的には、ライバルがいないのならば、指値をしてもいいでしょう。

では、どうすれば指値は成功するのか考えてみます。

キーを握るのは、売り手との間に入っている不動産販売会社です。なぜなら実際に値引き交渉をするのは、皆さんではなく不動産販売会社だからです。

ですから、まずは不動産販売会社に対して「この物件は安くなる可能性があると思いますか？」と聞きます。そこで嫌な顔をされたら、きっぱりと諦めます。「いや、ここは可能性あると思いますよ」と前向きな答えがきたら、具体的に値引きを進めます。このワンクッションはすごく大事です。

ただし、関係性が希薄な不動産販売会社だと、本音を引き出せないケースも多いですので、個人的な人間関係をしっかりと築いていることが前提になります（ちなみに私は、そこまで頻繁にではありませんが、懇意にしている不動産販売会社の担当者を食事に誘ったり、ちょっとしたお礼として、いつでも渡せるよう複数のクオカードを財布にストックしています）。

そして、不動産販売会社のハードルを越えたら、実際の指値に入りますが、ここでは数字（値引き額）だけを伝えるのではなく、根拠も伝えるようにします。「利回りを、想定している10％に乗せるためには、あと５００万円の値引きが必要です」「銀行が1億円までしか融資してくれないんです」といった具合です。

また、その物件が値引きしやすいかどうかを見極められれば、もちろん値引きの可能性は高まります。値引きしやすさを見抜く方法のひとつは、売り主の売却理由を探ることです。「早く現金化したい」という場合、値引きの可能性は高まります。特に相続によって手に入れた物件で、相続する人数で分割する場合、現金の方が容易であり、加えて物件の購入価格や売却価格の相場を把握していないケースが多いため、値引きの可能性は高いといえます。

そのほか、長く売れ残っている場合や元住民の物が置いたままである場合、空室が多い物件、さらに物件のメンテナンスが行き届いていない場合にも、値引きの可能性は高まります。格安でメンテナンスしてくれる業者と知り合いであれば、一気に優良物件に近づくといえます。

第3章

キャッシュフローがとれて値下がりしづらい都心の物件を狙う理由

11

なぜ経営者は不動産投資をしたほうがよいのか

私の投資法を簡単に説明すると、都心近郊（東京、神奈川、埼玉、千葉）で、駅から徒歩圏内の新築物件、または中古物件の一棟買いです。

世の中にあまたある不動産投資法のなかで、私がこうした方法を選んでいる理由は、キャッシュがきちんと残ること、リスクが比較的小さく、ほどほどの利回りであることです。そして大事なポイントは、なるべく低い金利で、ある程度大きな額の資金調達が可能であること。そう、皆さんももうお気づきのとおり、中小企業の経営で大事なことと同じですね。

では、なぜ都心部近郊の物件がよいのでしょうか。

一般的に都心中心部に近ければ近いほど、空室リスクと利回りは低い傾向があります。家賃相場が上がるので、収入は高くなりますが、その割合以上に土地代が高くなるので、不動産価格が割高になるからです。

　こうした物件は、潤沢な資産を抱える人と相性がいいといえます。そのような人にとっては、節税対策にもなりますし、キャッシュが必要な訳ではないので、純粋に場所や資産価値のみで選ぶことができます。

　潤沢な資産を抱える人というのは、数億円の優良物件が出たときに、キャッシュですぐに買えるような人を指します。

　ちなみに、こうした都心部に物件を狙っているのは、都心部に住む人だけではありません。地方在住で、都心部の物件を好んで購入している人もいますし、もちろん海外の投資家もいます。

　一方、都心から離れると、少しずつ表面利回りは高くなっていく傾向にあります。

　極端な例でいえば、地方都市だと利回りが20％を超えるものも出てきます。物件価格が安いですので、きちんと客付けさえできれば、手残りが多くなりやすいのです。

　しかし、そうした物件は、後で損をするリスクが高いものです。家賃相場の値下がり幅が大きいだけでなく、空室リスクも高くなるからです。

　また、物件価格が安いということは、お金のない投資家が手を出しやすいということもいえます。そうしたお金のない投資家のなかには、ノンバンク系の金利の高いところで資金調達をする人もいます。

優良物件を手に入れるには、スピードが大事だということはすでにお伝えしましたが、そうしたノンバンク系は審査が早いため、金利を抑えて資金調達をしようと考える人は、なかなかスピードで太刀打ちできないものです。

築年数の経った古い物件を購入して「お金のかかる修繕も、毎月固定でかかる管理も全部自分でやって節約する」という投資家もいます。

本業を抱えている中小企業の皆さんが、彼らと同じ土俵にあがるのはあまり賢い方法だとはいえません。

端的にいってしまえば、バランスなのです。ある程度の資金を持っている皆さんのことを考えたら、トータルのバランスがよい都心近郊が最も相性がいいのです。都心近郊であれば、建物が古くなっても、土地値は大幅には下がりません。土地値まで借入が減る所まていけば、まず安心で、その後は借入が減れば総資産が積み上がるというわけです。

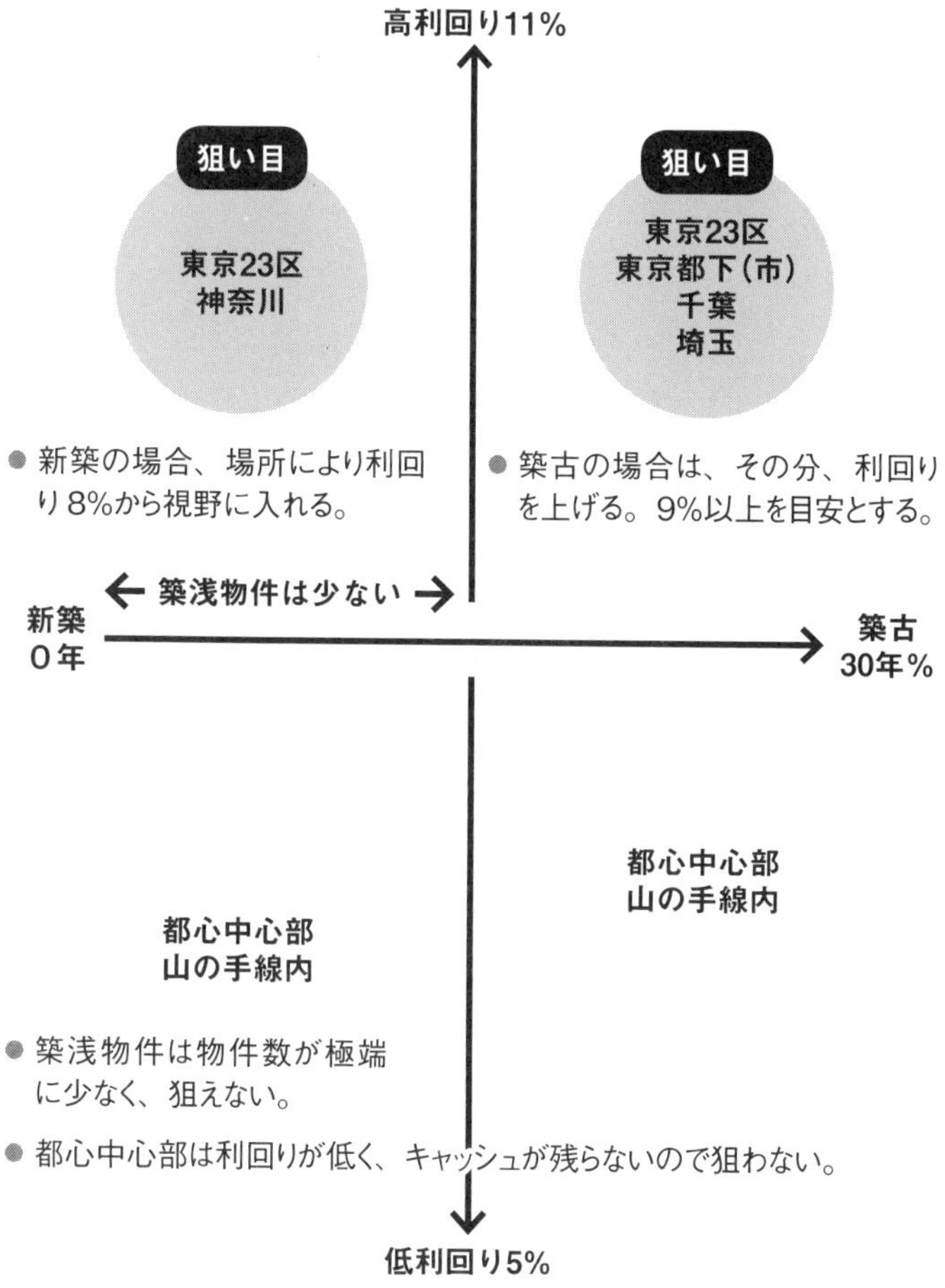
高利回り11%
狙い目
東京23区
神奈川
狙い目
東京23区
東京都下(市)
千葉
埼玉
● 新築の場合、場所により利回り8%から視野に入れる。
● 築古の場合は、その分、利回りを上げる。9%以上を目安とする。
← 築浅物件は少ない →
新築
0年
築古
30年%
都心中心部
山の手線内
都心中心部
山の手線内
● 築浅物件は物件数が極端に少なく、狙えない。
● 都心中心部は利回りが低く、キャッシュが残らないので狙わない。
低利回り5%

- 物件の築年数は新築と築古が多く、築浅物件は少ない。
- 築浅は利回り低め、築古はやや高めでばらけている。

12

区分マンション投資よりも一棟買い

都心近郊の物件を狙うとしても、一棟のマンション（アパート）を丸ごと購入する方法と、マンションの一室を購入する区分マンション投資があります。

私がお勧めしているのは、一棟丸ごと購入するほうです。その理由について説明します。

まず購入金額について。私が想定しているのは、1億～2億円の投資で、1000万～3000万円を頭金にして、残りのお金を低金利で資金調達するというものです。

その意味では、区分マンションで1億円を超える物件を買うのも視野に入ってきます。

しかしながら、1室だけ区分マンションを買うというのは、空室リスクがかなり高いといえます。当然ですが、稼働率は0か100になるからです。一棟だと、たとえ10室のうち2室が空室になっても、稼働率は80％をキープできます。

管理費も高いパーセンテージでかかります。区分マンションの修繕積立金や管理費は、家賃に対する管理費の割合が高く、マンション管理組合などによって規定されているため、コントロールができません。共用部分のルール、設備、外観の補修なども自分では決めることができません。区分マンションでは、修繕積立金と管理費で20％近くとられることもあります。

もうひとつのポイントは、土地の扱いです。一棟ものの物件の場合、当たり前ですが、土地も所有することができます。この土地を担保にして、資金調達ができます。加えて、建物が老朽化したり、賃貸経営がうまくいかなかった場合などには、建物を取り壊して、建て替えをしたり、土地を売るということもできます。経営の自由度が大きく、何かあってもリカバリーがしやすくなります。

つまり、区分マンションよりも土地付きの一棟買いのほうが、本業に好影響を与えるといえるのです。金融機関からの信用が、経営者である皆さん自身に対しても、本業のほうに対しても高まるからです。

実際、私もかつて本業では信用保証協会付きで銀行からの融資を受けていました。不動産という資産があることで、今ではプロパーで借入を行うことができるようになりました。

13

新築よりも中古

新築物件か、中古物件かということで迷う人も多いでしょう。前提として、新築であろうと、中古であろうと、最も大事なことは利回りが高いことです。ですから、物件価格が相対的に安くなる中古物件のほうが、有利だということがいえます（最近では新築も利回りが上がってきていますが）。

では、逆に新築物件はどのようなメリットがあるのでしょうか。

皆さんは経営者ですので、減価償却という考え方には慣れていると思います。この減価償却は、不動産投資にも使えます。

新築物件の場合、法定耐用年数が木造は22年、重量鉄骨は34年、RC造は47年と決められており、これらの数字で建物価格を割れば、毎年の減価償却費用が計算できます。

築浅の物件であるほど、残された減価償却期間が長いですので、実際には出ていかない経費として長期間にわたって計上できることになります。ただし、別の見方をすると、長期間で償却するので、毎年の計上金額は少なくなるともいえます。

さらに、新築物件は設備が新品ですので、修繕リスクが低いといえます。

経験上、新築物件は、実需用の物件と同様に、新築プレミアムが加算されていることが多く、割高である可能性が否定できません。過去に取引実績があり、完全に信頼できる不動産販売会社があるならば、新築物件もよいでしょう。

しかし、「今回が一棟目」という本書の読者の皆さんは、おそらくまだ不動産販売会社とそこまでの信頼関係を築けていないはずです。

「新築のほうがお客さんもすぐにつきますし、家賃も高く設定できますよ」と言われると、もっともらしく聞こえます。

もちろん、販売会社がそのように言う理由も嘘ではありません。新築のほうが部屋を借りる人は気持ちがいいし、人気があるのは間違いないでしょう。

それでも一度立ち止まって、借りる人の気持になって考えてみてください。同じようなグレードの部屋があったとき、新築物件かどうかは本当に重要でしょうか。それより家賃のほうが気になりませんか？

個人差があるので一概にはいえませんが、家賃のほうが大事だと言う人は、思いのほか多いものです。

実際、入居者が入りやすいといっても、そこまで格段に変わるかと聞かれると、微妙なところです。強気の賃料設定ができるといっても、市場価格と比べて格段に上げられるかというと、やはり数千円程度しか高くできません。

ですから、新築物件の場合、すでに住んでいる人はゼロなので、満室になるまで、あるいは想定の範囲内まで埋まるのに一定の時間がかかります。その間は、キャッシュが入ってこないことになります。他の物件からのキャッシュがあるのなら、まだ安心ですが、入居者が入るまで、持ち出しは不安だと思います。

しかも客付けを行う不動産販売会社は、過去に取引のある大家さんの物件を優先して紹介する傾向があります。

もし、ふたつの新築物件があって、一方の大家さん（投資家）とは過去に取引している実績があり、もう一方のオーナー（投資家）とは初めての取引という場合、他の条件が同じなら、やはり前者を優先するのです。

実績がゼロの皆さんであれば、すでに住民がいる中古物件のほうが、リスクは小さいといえるのです。

14

駅から遠いよりも駅近

駅から遠い物件よりも、駅近くの物件、それも徒歩で10分、ファミリー向けならば徒歩で15分圏内がお勧めです。その理由は、家賃下落リスクが小さく、売却時の資産価値が下がりにくいからです。

もう少し詳しく説明しましょう。わかりやすい例が、２０２２年問題です。１９９１年の生産緑地法の改正によって、30年間営農するかわりに、税制面で優遇措置を受けられた土地がたくさんありました。これらの土地が市場に入ってきて、戸建ての宅地となったり、マンション用地になったりするといわれています。その結果、住宅供給が過多となり、不動産価格が下落すると見られています。

こうしたときに、大きく値崩れしないのが駅近の物件なのです。

また、駅から遠い物件というのは、自家用車を所有しているのが前提になります。自動車の利用を前提とした街の設計になっていることが多いのですが、ここ10年ほど、自動車離れが進んでいます。

特に今の20〜30代は、自動車の保有率が下がっています。加えて、高齢者による深刻な自動車事故も目立ってきていることから、これからの10年で60代以上の車離れも進行すると思われます。郊外の一戸建てに住んでいた高齢者が、駅近くで便利なマンションやアパートに引っ越すという流れがくるのです。

もちろん、都心近郊の駅であることも大事です。それも乗降者数が多い駅がいいでしょう。乗降者数が少ないということは、それだけその土地には住民が住んでいないということになります。

家賃相場は需要と供給のバランスで増減しますから、乗降者数の多い駅の方がよいでしょう。

15

地方の物件は、なぜお勧めしないのか

田舎の物件を推奨する不動産投資法もあります。これまでにも見たとおり、田舎の物件は利回りが高い傾向がありますので、それ相応のメリットはあるといえます。

しかし、これから人口減少社会に入るにあたって、田舎はかなり経済的に厳しくなることが予想されています。つまり空室リスクも家賃下落リスクも、都心近郊に比べて圧倒的に高いということです。

そもそも田舎の物件は何がメリットなのでしょうか。不動産販売会社からよく聞く営業文句として、「積算が取れるので、お勧めですよ」というもの。積算とは、土地と建物の価格を足したものです（土地価格は路線価×土地面積で、建物価格は再調達価格×建物面積×（法定耐用年数－築年数）÷法定耐用年数）。

どういうことか。田舎の物件で、土地が広い方が積算が高くなって、銀行からの融資が引き出しやすいため、「お勧めですよ」と言っているのです。

ただ、実際に融資がおりて購入してみたら、どんどん価値が下落していくことに気がつくはずです。価値が下落しにくい土地自体には都心ほどの価値はないので、建物が古くなればなるほど、全体の価値が急激に下がっていくからです。

しかも、最近では地方の積算の高い物件の方が融資がおりやすいというメリットも減ってきているようです。というのも、銀行は積算よりも、実体を見る収益還元法を重視するようになってきたからです。

Wゲインシートの使い方でも言っているのですが、「残債額が土地値になったら安心」ということがあります。最終的に更地にして売ることを考えて、土地値になるのがいつかを考えておくとよいでしょう。

そうなると、都心や都心近郊は土地値が高いので、比較的早くそこにたどり着いて、安心できます。でも、田舎は土地が安いですから、いつまでも土地値にならないということがおこります。結局、いつまでも安心できません。Wゲインシートは、インカムゲインも大事ですが、キャピタルゲインすなわち売却益も重要です。

なので、地方の物件、田舎の物件よりも都心近郊をお勧めしているのです。

16

RC造（鉄骨コンクリート造）・S造（鉄骨造）か、木造か

地方か都心かということのほかにも、RC造（鉄骨コンクリート造）・S造（鉄骨造）か、木造かという判断軸もよく耳にします。RC造とは鉄筋コンクリート造の略称で、3～7階建て程度のマンションによく使われる構造です。S造とは鉄骨造の略称で、3～5階程度のマンションによく使われる構造です。木造は戸建てやアパートなどに用いられる構造です。

一般的なメリット・デメリットでいうと、RC造・S造は建築コストが高い半面、防音、耐火、耐震に優れ、一方、木造は防音、耐火、耐震に優れていないものの、修繕コストや、更地に戻すときの解体費が安いというメリットがあります。

そうした建物としての特徴を踏まえた法定耐用年数が法律で定められており、先ほども

触れましたが、RC造は47年、S造は34年、木造は22年とされています。

では、このRC造・S造と木造とでは、どちらがよいのでしょうか。

比べる観点は、「家賃相場」「返済期間」「取得後の経費」「売却のしやすさ」です。

家賃相場としては、木造のほうが安く、RC造・S造のほうが高い傾向にあります。建築コストがRC造・S造のほうが高いことに加え、需要（人気）もあるからです。

しかし、5000万円の木造の建物と1億円のRC造・S造の建物の同サイズの部屋を比べたときに、家賃を2倍にできるかといえば、それは難しいでしょう。大きく見積もっても2割増し程度で、一般的には1割増し程度の差にとどまります。

借入金の返済期間は、RC造・S造のほうが長く、木造のほうが短く設定されます。

というのも、金融機関は融資期間を設定する際に、法定耐用年数から導き出すからです。

私がお勧めしている投資法は、投資の初期段階では毎月の返済金額をなるべく抑え、手残りを多く取ることで、2棟目、3棟目と物件を増やしていき、全体のリスクを下げるというものです。

ですから、できれば最初は25〜30年という長い返済期間を設定することで、月々の返済金額を少なくしたいのですが、木造の場合は、難しくなります。もちろん銀行は建物だけで評価するわけではないので、都心近郊で駅近の物件であれば、残存耐用年数に近い返済期間を設定してもらえますが、土地値がほとんどないようなところでは、よりシビアな設定になることもあります。

次に、物件取得後の経費についてです。固定資産税・都市計画税といった税金はRC造・S造のほうが高く、木造のほうが安いでしょう。これは毎年かかってくる税金となります。

ただ、それ以上に違いが生じるのは修繕費です。木造の場合に比べ、RC造・S造は大規模修繕のコストが大きくのしかかってきます。

一般に、大規模修繕は10～15年のスパンで行うといわれていますが、「屋上防水」「外壁塗装」「消防設備」「給排水管」などがあり、それぞれで修繕が必要になるタイミングが異なります。

いずれにしても大事なことは、中古のRC造・S造を購入するときに、きちんとメンテナンスが施されてきたかどうかを見ること。というのも、コンクリートというのは、メンテナンスを怠ると、一気に劣化するものだからです。

特に屋上防水と外壁塗装について、まったく何も触っていない状態だと、結構な金額の修繕費になってしまうこともあります。

売却のしやすさについては、次の購入者側の事情を考えてみるとわかりやすいでしょう。買い手は多くの場合、銀行からの融資を受けようとします。木造だと、法定耐用年数が短いため、先ほどもお伝えしたように融資期間は短くなります。つまり、売りにくいといえます。

ただし、木造の場合、解体費用が安いため、RC造・S造に比べて土地として売るということが視野に入りやすくなってきます。場所がよければ、木造は売りやすいともいえます。

この点については、後ほど詳しくお伝えしますが、売るときを考慮したよい土地であるかどうかも重要だといえます。

ここまで見てきたように、RC造・S造と木造には、それぞれにメリットとデメリットがあり、優劣はつけがたいものです。ただ、1億円以上の物件ということを考えたときに、なかなか木造アパートで優良なものは出てきません。数千万円程度が多いのですが、その場合、RC造・S造以上にたくさんの建物を持たないと、収益は上がってきません。

ここで考えたいのが、複数の建物を持つということは、物件探し、融資づけ、管理など、その分だけ手間がかかるということ。最終的に5億円程度の不動産投資をしようと考えている場合、単純計算をすると、５０００万円の木造だと10棟が必要ですが、１億円のＲＣ造・S造だと5棟で済みます。

もちろん棟数が多いほどリスクヘッジになるという考え方もありますが、本業を抱えている皆さんにとって、物件数と投資額の兼ね合いも考える必要があります。

17

お勧めの土地形状は？

先ほど触れた売却のこととも密接に関わるのですが、土地の形状についてもお勧めのものがあります。

メイン通りからちょっと入ったようなところで、かつ整形地がいいでしょう。整形地とは、長方形や正方形のことを指します。前面道路に接する辺の長さが長く、かつその道路が広いほど土地の価値は高くなります。さらに、それが角地ですと、建ぺい率も有利になるので、よりお勧めのものとなります。

では、不整形地はNGなのでしょうか。不整形地の典型は、旗竿地と呼ばれる形状で、道路に面している辺が極端に狭く、旗のような形をしているもので、これは都心や都心近郊の駅近では、珍しくありません。人気が低いため、割安に購入できるとあって、あえて購入する人もいますが、私はあまりお勧めしません。それは金融機関からの評価が低いため、融資がおりづらいということに加え、売却しづらいということがあるからです。

では、なぜ売却しづらいか。

そもそも、建て替えができない建築不可物件である可能性があります。それは建築基準法で定められている接道義務を果たしていないからです。接道義務は、「幅員4メートル以上の道路に、建物の敷地が2メートル以上接していなければならない」というものです。加えて、重機が入りづらいため、解体するにも、建て替えるにも、費用も期間も通常より多くかかります。解体費用は2~3倍というケースも少なくありません。

土地に着目すると、ときどき見かけるのが借地権を利用した物件です。借地権付き建物とは、土地の所有者自体は別にいて、その土地を利用する権利（地上権）だけがあるという物件です。

地代の負担がある一方で、固定資産税と都市計画税を払う必要がないことが特徴です。所有物にはならないため当然、土地を売却することはできませんし、建て替えにも土地の所有者の同意が必要です。

経営者であれば、そうした土地の持ち主との交渉などに長けている方もいるでしょう。その意味では、意外とアリな物件かもしれません。ただ、担保力としては乏しいといえますし、初心者の購入はお勧めしません。

18 店舗・事務所物件か居住用物件か

居住用ではなく、テナントや事務所など、ビジネス用の物件もあります。一般には、店舗・事務所物件と呼ばれたりします。

この店舗・事務所物件の最大のメリットは満室時の利回りのよさです。居住用に比べ、賃料を高く設定できるからです。また、退去時の原状回復のためにかかる費用は、居住用では貸し手側が負担するのが通常ですが、店舗・事務所物件では借り手が負担するケースが多くなっています。

しかしながら、居住用に比べて店舗・事務所物件は定着率が低いといえます。事業として成り立たなければ、あっという間に撤退します。つまり空室リスクが高いのです。

また、1階が店舗・事務所用で、2階と3階が居住用という物件もあります。これはハイリスク・ハイリターンな店舗・事務所用と、ローリスク・ローリターンの居住用が併設されているということで、よさそうに見えます。

しかし、実際に住む人（借り手）の気持ちを考えると、簡単ではありません。たとえば1階に中華料理店が入っていたら、虫も出るかもしれませんし、雑音も聞こえてきます。要は、快適に過ごせるよう、入るテナントのマネジメントが必要になるのです。

さらに、多くの場合、居住用の家賃に比べて、店舗・事務所用の家賃は高く設定されており、そこで生じる空室リスクは、やはりインパクトは大きいといえます。

ただし、本業で飲食店のコンサルティング業務をしているなどの特異なケースであれば、むしろ相性がいい物件だといえます。しかしながら、最初の物件では、店舗付きではない物件をお勧めします。

19

戸建ては手を出してはいけない？

戸建て物件の不動産投資を勧める本もあります。私自身は、なるべく借入をして、その分の利回り＝金利分を取っていくという方法ですが、そのやり方を戸建て物件にもあてはめるのは難しいでしょう。

しかもかなり手間がかかる一方で、一つの投資あたりの入ってくるお金が小さいため、一棟ものに比べてリターンが小さいといえます。

とはいえ、お金があまりない人にとってはアリだという側面もあります。特に戸建ての場合、売り手が投資家ではないことも多いため、意外なほど割安な物件と出合えることもあるようです。ただし土地勘がなければ、なかなか一戸建てのニーズというのはわかりづらいものです。

たまたま自分が住んでいるエリアが、賃貸用の戸建てニーズがあり、かつ不動産投資市場に物件数がそれなりに出回っているのであれば、戸建ても選択肢に入れてもいいかもしれません。

と、ここまでお伝えしておきながら、やはり経営者からすると、お金の増えるスピードが遅いため、歯がゆい思いをするでしょうし、先ほどは割安な物件もあるとお伝えしましたが、基本的には割高な物件が多いでしょう。

というのも、もともとは実需用に建てられたものがほとんどだからです。本来、投資は「この場所だとこのぐらいの土地値だから、坪単価は○○円で」という計算をして、収益に合わせて建物を造るものなのですが、実需用に買おうと考えている人たちはそういうことは気にせずに買うので、売る方も買える金額で価格を想定しています。

たとえば5000万円のローンが組めるから、5000万円の物件を建てようというようなスタンスです。

その意味では、確かに立派な物件が多いでしょう。それでも、外壁のグレードが2倍高いからといって、2倍の家賃になることはないですし、キッチンに大理石が使われているからといって、家賃を1万円上げられるかといったら、そうではありません。

20 ファミリー向け？ 単身者向け？

建物によって、ファミリー向けの物件と単身者向けの物件があります。

ファミリー向けの物件の特徴は、メリットとしては入居期間が長いこと、駅から少し離れていても需要があることがあり、デメリットとしては一度退去になったら空室期間が長くなりがち、原状回復費用が嵩《かさ》みやすいなどがあります。

単身者向けの物件は、その反対で、メリットとしては退去しても次の入居者が見つけやすく、原状回復費用が安いということ、デメリットとしては入居期間が短く、駅近などの利便性を求められることです。さらに平米（㎡）あたりの家賃単価は、単身者向け物件のほうが高い傾向にあります。

こうしたメリットとデメリットを考慮すると、どちらがいいとははっきりとはいえないのが正直なところですが、別の観点を入れると判別しやすくなります。それは、そのエリアの特徴を見ていくことです。たとえば大学生がたくさん住んでいるようなエリアだったら、単身者向けの需要は大きいでしょう。近くに子どもが楽しめる公園があるのならば、ファミリー向けの需要が大きいといえます。そのように、その土地の特徴と照らし合わせると、空室リスクは小さくなるでしょう。

第4章

現金主義を捨て「融資」を受けよう！

21

現金主義をやめ、融資を引っぱってくるべき理由

すでにお伝えしたとおり、私の投資法は借りたお金で不動産投資をすることで、投資のスピードを速くして、より多くの利益を得るというものです。

結局、金利と利回りの差が利益になるので、安く借りてきて高い利回りの物件を買うと、その差が利益になるわけです。

それを自分のお金だけでやろうとすると、限度があります。ですから70~90%を融資でまかなう、たとえば1億円に対して1000万円しか出さなくて9000万円は借入でやるとします。すると9000万円分の利回りから金利を引いた差額が、自分のところに入ってくることになります。こういう仕組みが使えるのは、不動産投資以外にはあまりありません。自分のお金以外にも、利回り益をつけられるのはすごく大きいのです。しかも、投資したものがゼロになることはありません。たとえ、建物が古くなって解体することになったとしても、土地は残るからです。

こうした投資法は、日本がこれだけ金利が低いからできることだともいえます。せっかく皆さんは、そういう状況にある日本にいるわけなので、これは使ったほうが絶対いいと思います。

とはいえフルローンやオーバーローンなどは、最初のうちはあまりお勧めできません。返済比率が高くなってしまうからです。そのために安定範囲以内の返済比率のなかで、借入できるものは借りてやりましょうというのが、お金を増やすうえでは大事なのです。

そこで、重要になるのが金融機関から「融資を引く」という作業です。「いくらの融資が得られるのか」「何年の返済で、どのくらいの金利になるのか」「一括返済したときの手数料はいくらなのか」といったことに加えて、「実際に申し込みをしてから融資可否の連絡まで、何日くらいかかりそうか」というポイントが、不動産投資の成否を分けるからです。

では、こうしたポイントは、いつ把握しておけばいいのでしょうか。狙いたい物件が決まってからで間に合うのでしょうか。

答えはノーです。狙いたい物件が決まってからでは遅いのです。

物件を見つける前に、金融機関を訪ねなければいけません。そして、複数の金融機関のそれぞれの特徴を知っておくこと、顔なじみの担当者をつくっておくこと、先ほどお伝えした不動産投資の成否を分けるポイントに目星をつけておく必要があります。

それにもかかわらず、これから不動産投資を始めようとするほとんどの人が、物件探しに躍起になって、金融機関のことは後回し、または不動産販売会社にお任せになっています。特に会社員は、平日の日中は仕事があるため、その傾向が顕著です。

ところが、常日頃から会社のお金と向き合っている中小企業の経営者の皆さんはいかがでしょうか。

「融資を引く？ そんなのいつもやっていることだ」と感じる人も少なくないのではないでしょうか。日中の空き時間に銀行に寄ったり、普段から付き合いのある地域に根ざした信用金庫の担当者、「今日は別の相談事があるのですが」と話をするのは、難しいことではありません。そのような皆さんですから、現金買いにこだわっていては、たいへんもったいないといえるのです。

ちなみに普段から付き合いのある金融機関が、特別待遇をしてくれる場合もあります。できれば複数の金融機関を訪れるべきです。地方銀行や地元の信用金庫は、地域の事業者を応援するという理念を持っているので、お勧めです。

中小企業の経営者必見！　融資を有利に受けるコツ

どのようにすれば融資を有利に受けられるのでしょうか。

私が指南するまでもないでしょうが、自身が経営する会社の業績が、審査の行方を大きく左右します。

おおむね直近の3年間の決算内容（貸借対照表、損益計算書、資金繰り表）を提出し、その内容によって融資額や利子、返済期間が変わってきます。個人として不動産投資をする場合には確定申告書も必要ですが、中小企業の経営者の場合は、会社の業績が個人の信用と連動しますので、いずれにしても会社の決算内容がわかるものは用意します。

ですので、もしも節税のために赤字経営やそれに近い数字にしていると、融資をうまく引けなくなる可能性が高まります。安定して利益を出していることが、金融機関からの信用を高める方法になります。今からでも遅くないので、事業環境が順調であると見えるようにしましょう。

融資をうまく引く方法として、ほかにも事業計画書を用意することがあります。皆さんは、本業で向こう3年間の事業計画書などを持っているかと思いますが、それと同じようなものを不動産投資用にもつくるのです。そこには、目標の数字だけではなく、「なぜ自分がこの投資法を選んでいるのか」ということの妥当性についても書いていきます。実際に金融機関に物件を持っていくときにも、その物件がなぜよいと考えているのかを添えましょう。

それから、融資をお願いする金融機関をきちんと選ぶことも大切です。ここまで既に、複数の金融機関を訪れ、その特徴を把握するよう努めましょうとお伝えしました。

その知識をもとに、物件の特徴と金融機関の物件評価の特性がマッチするところに持っていくことで、成功率を上げることができます。だからといって、1行だけにしか持ち込めないわけではありませんので、複数の銀行に打診して、最も条件がいいところを選んでいきます。

23

本業がどのような業種だと有利なのか？

どういった本業であると、銀行からの信用が高いかといえば、私の経験上、ものが動いている業種がよい感触を得られます。

利益率が高い低いということよりも、実際にものを仕入れて売っている、販売しているということのほうが、信用が得やすいようです。たとえば物販業。実際に事務所があって、従業員がいて、取引相手がいて、ものが動いている。そういう目に見えるものがいいわけです。一方で、コンサルティング業のような職種は評価されにくいといえます。肩書だけではよくわからない、想像がつかない商売であったり、どこから収入を得ているのかよくわからないような業種は、銀行員から敬遠されるということです。

またＢｔｏＣつまり個人消費者を相手にしているよりも、ＢｔｏＢつまり企業を相手に商売をしているほうが、変動要素が少ないとして安定していると見られます。

そのほか本業が数年以内の若い会社である場合には、経営者の経歴もチェックされることがあります。一貫性のない経歴を持っていたりすると、審査は厳しくされます。

24

物件を見つける前に、まずは金融機関へ行く

本業で既に金融機関との取引があると思いますが、まずはその金融機関をあたってください。その後、他の金融機関にも相談してみます。ここで、金融機関を訪れる際の具体的な流れも紹介しておきましょう。

いきなり金融機関に行って、「話があります」というのは、やめましょう。電話をかけて、「賃貸業を始めたいと思っています。融資について相談できませんでしょうか」と言って、きちんとアポイントを取るようにします。

アポイントを取ったら、約束の時間に金融機関を訪れます。このとき、先にも書いた資料のほかに、プロフィールシートも持っていくといいでしょう。プロフィールシートとは、その名のとおり、皆さん自身のプロフィールを書いたものです。そこには会社、年収、年齢、金融資産、その他の資産、負債額に加え、家族構成（共働きならば、パートナーの職業なども）を書いておきます。

そして、次の質問をします。

質問1「賃貸業をしたいのですが、お金を借りることはできますか？」
質問2「いくらまで貸してもらえそうですか？」
質問3「木造、鉄骨、RC構造のうち、融資しやすいものはありますか？」
質問4「新築と中古、両方とも融資していますか？」
質問5「法定耐用年数を超える融資は可能ですか？」
質問6「金利はどのくらいになりそうですか？」
質問7「物件詳細を持ってきたら、融資の可否のお返事はどれくらいの期間を見積もっていたらいいですか？」

質問8「融資の対象となる物件のエリアはどこまでですか？」

1行だけでなく、複数の金融機関に同じ質問をぶつけ、特徴を摑んでおきます。そのうえで、本格的に物件を探していきます。

めぼしいものが見つかったら、「銀行から融資が引けたら購入する」という約束をして、再度金融機関と連絡を取って、以下の資料を提出します。

最初から全ては必要ありませんが、なるべく資料を揃えておくとよいでしょう。


「物件概要書」

「レントロール（物件の収益力を示すもの。家賃表）」

「不動産登記簿謄本」

「不動産売買契約書」のひな形
「重要事項説明書」

「図面（建物図面、間取り図、物件写真など）」

「公図」

「賃貸借契約書（すでに入居している場合）」

「建築確認済証」
「固定資産税評価証明書」
「源泉徴収票」
「確定申告書」
「本人確認書」
「印鑑証明書」
「住民票」
「課税証明書」
「既存借入の返済予定表」

法人の場合は、さらに「商業登記簿謄本」「定款」「決算報告書3期分」「納税証明書」「借入の返済予定表」も必要です。

細かくは、金融機関によっても変わりますので、事前に確認しておくとスムーズに審査に入れるでしょう。

事前審査が通ったら、手付を払い、物件の契約を締結して、引き渡しへと進みます。

25

金融機関で聞くべきこと、右から左に聞き流すべきこと

金融機関で質問すべき基本事項は先ほどお伝えしましたが、それら以外にも聞いておいたほうがよいこともあります。

まず、頭金が何%必要なのか。明確に教えてくれることはありませんが、金融機関によってだいたい決まっているのです。属性がこういう人なら、○%必要というパターンは決まっていて、それをなるべく詳しく聞き出して、メモしておくことは大事です。情報の引き出し方は、こちらから探りを入れていくしかありません。「だいたい10%くらいですよね」とか「ゼロでもいけたりします?」と聞けば、「そこまでなくてもいけますよ」「意外となくてもいい場合もありますよ」とか「ゼロはダメですね」と返してくれることもよくありますので。

次に事務手数料がいくらなのか。金融機関は手数料ビジネスだ、と指摘する経済学者もいますが、案外この事務手数料もばかになりません。定額制としているところは、3万円

が相場になっているようです。金利だけを見て判断すると、事務手数料が高くて驚く場合があります。

また、繰り上げ返済時などに発生するローンの解約手数料も聞いておきます。変動金利か固定金利かでも変わりますが、交渉次第では有利な契約にしてくれることもあります。その余地があるかどうかも含め、聞いてみるといいでしょう。

このように聞いたほうがいいことがある一方、聞き流していいこともあります。それは行員が投資家目線でしてくるアドバイスについてです。物件の査定を金融機関としてするのは当然として、それを個人でもやってくる人がいるのです。もちろん個人の発言なので効力はほとんどないといっていいのですが、「これはやめておいたほうがいいですよ」とか「別のもっといい物件を知っています。紹介しましょうか?」などと言われることがあります。

投資家目線ではない基準でのアドバイスもあるので、その場合は聞き流しましょう。

26

どのような金融機関と付き合うべきか

金融機関によって特徴が異なるということをお伝えしましたが、都市銀行、地銀、信用金庫、ノンバンク系などのジャンルによって、おおまかな傾向はあります。

まず都市銀行は、現金がある程度ある方向きです。金融資産が1億円以上あり、属性もよい方などが最低ラインだと感じます。最近では、「資産10億円以上ないと……」と行ってくる金融機関もあります。そして、融資の審査も時間がかかります。私が想定している本書の読者（＝中小企業などの経営者の皆さん）は、あまり都市銀行に適しているとはいえないと思います。もちろん審査が通るならば、金利が安い傾向にあるので、検討してみるのもよいでしょう。

地方銀行、いわゆる地銀は金利が都市銀行ほど低くはありませんが、1～2％台が基本となりますので、条件は悪くないでしょう。ただ、物件が営業エリアにあるかどうかに左右されます。地銀によっては、個人向け融資に力を入れており、比較的審査がゆるいところもありますが、その場合には金利が高くなる傾向があります。

信用金庫は、地銀以上にエリアが重視されます。自宅や自身が経営する会社、物件がエリア内にない場合には、なかなか相手にしてもらえません。ただし、金利はノンバンク系ほど高くなく、かつ付き合いが長くなるほど条件がゆるくなっていくため、お勧めの相手だといえます。特に本業としても付き合いがあれば、いろいろと融通してもらえる可能性も高まるでしょう。付き合いが長くなるにつれ、頭金や金利を少なくしてもらえた事例もあります。

ノンバンク系とは、融資専門の金融機関で、大きく分けて銀行系列の会社と独立系の会社があります。金利は高く、3～4％台に乗ることが多いようです。地銀や信用金庫のようなエリアは関係なく、頭金ゼロでも融資が通りやすいので、ほかの金融機関でダメだった場合に、最後の砦《とりで》的な存在だといえるかもしれません。

そのほか日本政策金融公庫も利用できます。皆さんもご存じのように、政府系金融機関です。全国に対応しており、金利は固定金利で、低めに設定されることが多いのですが、融資期間が短いことが大きな欠点です。通常は10～15年、長くても20年で、私が推奨するような投資法では、選択肢に入ってきづらいといえます。

27

金融機関の担当者との距離の取り方

金融機関について、いろいろと触れてきましたが、案外、担当者によって左右される部分もあります。担当者が替わった途端に、融資が出やすくなったという経験は、実際に私もあります。

同じ銀行、同じ支店でも、担当者が投資に対して前向きな人になると、一気に風向きが変わることもあります。

ただ、相性がよくないからといって「担当を替えてくれ」とお願いするのはあまりよいことだとはいえません。ですから、少し距離を取って、支店を替えて再度アポイントを取ればいいでしょう。あるいは金融機関は異動が頻繁にあるので、少し期間を空けて連絡を取れば、替わっていることがあります。

ちなみに、私の基準ですが、いい担当者とは動きが早い人です。逆にダメな担当者は反応が遅い人です。「即日お返事します！」と言っていて、実際には数日後に連絡してくるような人はダメです。往々にして、書類を作成するのが不得意だったり、常に仕事を抱え込んでギリギリまで動かなかったりする人なので、担当者としては不合格です。

そしていい担当者は、なるべく懇意になりたいので、食事に誘うこともあります。

加えて、その上司も必ず紹介してもらうようにしています。そうすると、たとえ異動があっても、良い関係を維持できるからです。

支店長クラスとも顔見知りになっておくと、顔を合わせたときに「あ、どうもこんにちは」と挨拶ができます。すると、担当者も「しっかりやらないと」と思ってくれるかもしれません。

第5章

もっと賢く儲けるための「お金」にまつわる必須知識

28

不動産投資における経費の考え方

「不動産投資を成功させる鍵は経費だ」と言う人がいます。私もその意見には賛成です。最も重要なファクターの一つだと思います。

ただ、先にお伝えしておくと、経費のための不動産投資になってはいけません。あくまで毎月お金を手元に残すため（インカムゲイン）と、不動産という資産を持ち売却時に収益をあげるため（キャピタルゲイン）に、不動産投資を行っているわけですから、経費によってお金が出ていってしまったら意味がありません。

そのうえで、経費を賢く利用しないと、税金ばかりが膨らんでいき、損をしてしまいます。

不動産投資は、ほかの投資法、つまり株式投資やＦＸ、仮想通貨などと異なり、実態をともなうため、さまざまな費用を経費として扱うことができます。

この経費を個人の確定申告の際に、本業からの報酬（給与所得）や家賃収入から引くことができます。その分、税金の基準となる所得を抑えることができます。

資産管理法人を設立する場合には、法人が物件を所有する場合と、個人が所有して個人が法人に管理運営を委託する場合があります。前者は、資産管理法人をつくり、そこで法人が不動産を所有し、その運用益のなかからあなた個人（もしくはパートナーや両親など）に給与として支払うパターンで、この場合の不動産に関する経費は、法人としての決算処理で行うのが一般的です。また、個人への給与を経費扱いにすることができます。

後者は、個人で所有する不動産の管理を自分でつくった法人に任せるというパターンもあります。任せるといっても、その範囲は様々です。例えば個人所有の物件を一括で貸してその賃貸料として個人が受け取る（入居者からの賃貸料は法人に入る）という方法と、管理だけを任せその費用を個人から法人に渡す方法があります。

では、具体的にどのような経費があるのか、見ていきましょう。

「管理費や修繕積立金、賃貸管理費用」……区分マンションなどでよくあるマンション管理組合に支払う管理費や修繕積立金などは経費となります。一棟ものの場合、建物のさまざまな管理のほか、家賃回収などの業務も管理を業者に依頼したり、自身の資産管理法人に委託するのが一般的です。こうした管理委託料は経費となります。

「賃借人退去時に行う原状回復（リフォーム）費用」……入居者が退去した場合、室内清掃をしたり、壁紙や障子、畳を張り替えたり、破損・劣化した箇所の交換やメンテナンスが必要で、その費用は経費となります。

「借入の利子分」……ローン返済額のうち、利息にあたる部分は経費となります。

「火災保険や地震保険の保険料」……購入時などに支払う損害保険料は経費となります。一括で支払っている場合でも、1年間に経費とできるのは1年分に相当する保険料となります。

「固定資産税」……固都税と呼ばれる、固定資産税と都市計画税も経費になります。減免制度もありますが、課税標準額の1.7%です。経費にできる税金は、このほか不動産取得税や収入印紙代なども経費になりますが、一方で、当然ですが住民税や所得税などは経費になりません。

「減価償却費」……建物、建物付随設備などの減価償却資産に関する減価償却費用は経費となります。最も大きいのが建物に対するもので、建物価格を耐用年数で割った額が毎年経費として計上できます。築25年のＲＣ一棟（建物の取得費が５０００万円）の場合、耐用年数＝（法定耐用年数－築年数）＋築年数×０・２で計算するので、償却年数は27年となります。平成19年以後の取得となるので、現在の定額法を用いた耐用年数27年の償却率は０・０３８となります（国税庁のウェブサイトで確認できます）ので、年間償却費は１９０万円となります。

「税理士の費用」……煩雑な決算や確定申告については、税理士に依頼するのが賢明です。本業がある場合、すでにお付き合いのある人も多いと思いますので、利用しやすいでしょう。これも経費となります。

「建物の設備修理等に要した費用」……一棟ものの場合、建物全体の補修やメンテナンス、共有部分の改装などは自身で行います。その費用も経費となります。ただし、建物を修復する、原状を回復するだけでなく、資産を増大させるような修繕の場合（たとえば床暖房の新規設置など）は、減価償却としての計上となります。

「その他」……物件取得のための交通費、通信費や不動産投資に関する知識を蓄積するための新聞・図書費、賃貸業を行ううえで業務を依頼している相手との接待交際費、物件の撮影に必要なカメラ、物件の検索に必要なパソコンといった消耗品費（私用する場合は、按分にする。たとえば業務用と私用で使用頻度が半々だったら、購入額の半分を経費にする）なども経費となります。

29

確定申告のハナシ

確定申告についても、簡単に説明しておきましょう。

不動産投資などの副収入がない給与所得者であれば、基本的には会社が行ってくれる年末調整で済みますが、賃貸業で収入が入ってくると、1～12月の収支を申告する必要が出てきます。

これを確定申告といい、基本的には2月中旬～3月中旬に税務署に必要書類を提出します。この申告をもとに、税金を納めたり、逆に還付金を受け取ったりします。

この確定申告には、白色申告と青色申告があります。

白色申告は、最も簡素な書類で済むものになりますが、一方で特別控除がなく、家族への賃金が経費として認められる専従者給与という仕組みが利用できず、赤字を翌年以降に繰り越すこともできません。

なお、白色申告で提出する書類の基本は、国税庁のウェブサイトからダウンロードできる確定申告書Bと収支内訳書、控除証明書類です。

事前に事業者としての登録が必要な青色申告は、複式簿記をつけることによって、65万円の特別控除が受けられます。

一方で、白色申告と同様に、簡素な帳簿付けのみの場合は10万円の特別控除にとどまります。青色申告のメリットはほかにも青色専従者給与という仕組みが使えるため、従事した期間に則った家族に対する給与を経費として認められること、そして赤字を翌年以後3年にわたって繰り越せる（逆に前年の黒字に繰り戻して前年の税額の還付を受けることも可能）ことがあります。

ただし、この青色申告者になるためには、購入後、一定期間の間に青色申告申請手続きをする必要があります。

青色申告で提出する書類の基本は、確定申告書Bに加え、損益計算書、貸借対照表、青色申告決算書、控除証明書類です。

30 資産管理法人をつくると、どのようなメリットがあるのか

確定申告は個人で行うべきもので、それとは別に資産管理法人を設立する場合には、決算が必要になります。それに伴い、貸借対照表、損益計算書、株主資本等変動計算書、個

別注記表、計算書類に関する付属明細書、事業報告書（それに関する付属明細書）などが必要になります。

加えて、法人を設立する場合、登録免許税や謄本交付手数料、公証人手数料といった数十万円規模の設立コストもかかります。決算に関する税理士への報酬などもかかります。つまり面倒で、お金もかかるということです。そうした手間を考えたときに、資産管理法人は誰もがやみくもに設立したほうがいいというわけではありません。

当然のことながら、金銭的なメリットが得られる状態の人が考えるべき選択肢です。

個人と法人で最も異なるのは税率です。個人の場合、最高税率は２０２０年現在では55％となっています。収入が多いほど税金が高くなり、損をしてしまうということです。

一方で法人の場合は、最高税率（法人実効税率）は２０２０年現在約30％です。ですから家賃収入と、他の所得の合計が大きい場合（おおむね所得の合計が１０００万円以上）に、法人化したほうが節税になるといえます。

ほかにも、資産管理法人を設立するメリットはあります。まず給与のコントロールができることです。資産管理会社の給与をパートナーや両親に振り分けることで、税金をうまく軽減することが可能になります。

たとえば自分の給料は、本業のほうで８００万円をもらっていたとします。それに資産管理法人からの給与として８００万円を加えたら、１６００万円の給与になってしまい、税金を相当負担することになります。

それならば、資産管理法人の給与は２００万円を自分に、パートナーには６００万円を振り分ければ、トータルの税金は少なくなります。もちろんその給与は、法人の経費となります。本業をお持ちの場合、わざわざ別の法人をつくらなくとも、すでに経営している会社でやればいいのではないかと思います。

しかし、融資の鍵をにぎる金融機関は、本業と不動産業の事業をまぜることを嫌います。本業は本業、不動産業は資産管理法人と分けたほうが信用されやすい傾向にあります。

なぜかといえば、不動産投資は別のあまたある業種に比べて、借入金の割合が大きいからです。決算書のバランスが崩れて、本業のほうの実態が見えにくくなるということです。

また、本業のほうでパートナーや家族に対して、給与を多く支払うというのは、従業員のモチベーションを下げてしまう可能性も否定できません。その意味でも、資産管理法人なら、気を使う必要がないので両親、義理の両親、子どもなど、複数人に給与を分散できる可能性があります。

さらにお勧めなのが、経営セーフティ共済（中小企業倒産防止共済制度）です。1年以上事業を継続している中小企業であれば、月額5000～20万円を、積み立てることができ、積立総額は最大で800万円まで認められています。この掛け金もすべて損金扱いにできます（最大、年間240万円まで経費扱いできるということ）。

なお、この資産管理法人は、人によってはあえて赤字にする（戦略的に赤字経営をする）という人もいるかもしれませんが、本業の足を引っ張らないためにも、黒字にしておくべきでしょう。

31

相続はどうする？

資産形成をしていくモチベーションとして、子どもに資産を残してあげたいという思いを持っている方もいると思います。では、不動産投資で築いた資産を、どのように子どもに相続すればよいかは、いろいろな対策方法があるので、ある程度の規模になるようなら前もって考えておくのもよいでしょう。

32

節税目的の不動産投資はダメ

ここまで本章では、お金にまつわる話、すなわち経費や税金といったことに関する事柄を説明してきましたが、これらは利益をあげるための手段であって、目的ではありません。すなわち節税が目的の不動産投資になってしまっては、いけないということです。

気をつけなければならない、不動産販売会社は金融機関の担当者のなかには、「節税対策になりますから」と囁いてくる人がいることです。そういう甘い言葉で、キャッシュフローがマイナスの物件すら勧めてくる人もいます。

それこそ本当にお金が余って困っているというような人ならば、それでもいいのかもしれませんが、本書はそういった方を対象としていません。

　また、経費を使うために建物のメンテナンスをするという人もいるでしょう。本当に必要ならばやるべきですが、今はお金があるからという理由ではなく、費用対効果を考えて行いましょう。

　たとえば部屋のグレードを上げることで、かけたお金以上に家賃が上がるのだったらいいのですが、そうでなければ最小限のことをしておけばいいのです。最小限とは、不潔にしないとか、壊れていないとかそういうレベルの話です。やはり、ある程度余裕を持った資金繰りをしておかないと、突発的な支出に対応できなくなる可能性もあります。無駄な支出は避けなければ、長い目で見た不動産経営はうまくいきません。

33

減価償却をうまく利用する

ひとつの考え方としては、5棟、6棟と所有物件が増えてきて、利益が大きくなってきたら、古くて高利回りの物件を所有することがいいかもしれません。古い物件は減価償却期間が短いので、減価償却費を多くできるからです。その場合、とりたい減価償却費が年間200万円で償却期間を4年ほどにしたいなら、建物価格は800万以上の物件を購入すればよいでしょう。

第6章

不動産投資の「リスク」と失敗しないノウハウ

34

不動産投資のリスクとは

あらゆる投資にリスクが伴うのと同じように、不動産投資にも当然リスクは伴います。極論をいえば、資産を現金で持っているだけでもリスクはあります。日本経済が大きくインフレに進めば、現金の価値は持っているだけで目減りします。深刻な財政危機に陥れば、ギリシャで実際にあったように預金封鎖が起きたり、インドで実際にあったように、非合法な経済活動をあぶり出すための高額紙幣の廃止を断行したりといったこともあります。

とにもかくにも、どのような投資にもリスクはあるということ。ですから、大事なのはその対策を講じることだと思います。

では、不動産投資におけるリスクとは何でしょうか。大きく分ければ、マクロとミクロという2つのリスクがあります。

マクロのリスクとは、簡単にいえば個人の力ではどうにもできないものです。先ほどもお伝えした経済的な変化はそのひとつです。たとえば家賃の相場が大きく下がったら、自分のところだけ家賃を据え置くことは難しいでしょう。

経済の浮き沈みで変化する金利も、個人の力では変えられません。現在の日本は超低金利社会で、不動産投資のための融資も低く抑えることができています。1%台〜3%台程度が一般的ですが、これがいきなり金利上昇となり8%以上となったら、変動金利で融資を受けている多くの不動産投資家が厳しい立場に追い込まれます(もちろん金利だけで不動産投資の成否がすべて測れるわけではありませんので、極端に言えばということです)。

そのほか、公示地価(国土交通省による土地の公示価格)の変動、天変地異、法規制の変化などもあります。

こうしたことは、インカムゲイン(月々の家賃収入)だけではなく、キャピタルゲイン(売却益)にも関わってきますが、いずれも個人の力で変化を止めることはできません。

ですから、新聞や雑誌などで社会の動向をきちんとチェックし続けたり、保険でカバーしたりといったことで対処するほかないといえます。

ただ、マクロな話は気にしすぎると何もできなくなります。まったく無視することは避けるべきですが、毎日気にするほどのことではありません。特に私が推奨しているWゲインシートを用いた投資法は、物件を手にしたそのときから、キャッシュフローが残るものです。その手残りがあるだけでも、リスクヘッジになると私は考えています。

もうひとつは、ミクロなリスクです。つまり、皆さんが購入する物件が持つ特有のリスクともいえます。マクロなリスクに比べ、こちらは多くの対処法がありますが、ここではどのようなリスクがあるのかをまずは紹介していきます。

「空室リスク」……不動産投資における最大のリスクともいってもいいのが、この空室リスクです。その名前のとおり、購入した物件の部屋に借り手がつかず、空室のまま家賃収入が入ってこないことを指します。空室となる原因はたくさんありますが、そのエリアにそもそも需要がない、家賃が相場よりも高い、入居希望者に物件情報が届いていない、管理が悪いためネット上に悪評が書かれている、などがあります。

「修繕リスク」……修繕リスクは、言い換えれば老朽化リスクです。どのような建物にも寿命があり、少しずつ劣化していきます。思いのほかその劣化スピードが激しく、想定外の高額な修繕費用がかかると、赤字になってしまうケースもあります。特に中古物件を購入した場合、過去のオーナーがどのような修繕を行ってきたのかにも気を配る必要があるでしょう。

「家賃滞納リスク」……入居者が家賃を滞納するというリスクもあります。借り手が家賃を滞納する理由はさまざまで、解雇されてしまった、病気になってしまった、ルームシェアの相手が出ていってしまった、建物管理への不満などがあります。

「環境リスク」……物件の周囲の環境に変化が生じて、それによって住環境が悪化してしまうことがあります。それが環境リスクです。自分では何ともならない、ややマクロなリスクに近いかもしれません。環境の変化の要因としては、保育園・託児所、学校、病院、消防署、工場、高速道路、葬儀社、食肉加工工場、原子力施設、風俗店、パチンコ店、ゲームセンター、宗教施設、暴力団事務所、ホテル、ラーメン店や焼き鳥店、焼肉店といった匂いの強い飲食店などがあります。

「家賃下降リスク」……老朽化や市場の変化にともなって、家賃は減っていきます。基本的に地方になると、家賃下落率は大きくなります。

では、次項から具体的な解決法などを見ていくことにしましょう。

35

空室を埋めるためのコツ

空室リスクを最小に抑えるには、需要を意識します。痒《かゆ》い所に手が届くような工夫をしても、そもそも賃貸需要がなければ、空室リスクは小さくなりません。

すでに物件探しのところでもお伝えしましたが、1都3県（埼玉、千葉、神奈川）の駅から徒歩圏内（理想は10分以内、ファミリー物件なら15分以内）を目安とします。

とはいえ、物件の特性によって賃貸需要は上下します。大学や専門学校が複数あるような学生街なら、ワンルームマンションの物件がよいかもしれません。同じ大学でも、学費が高かったり、お嬢様学校と呼ばれたりするような大学ならば、ワンルームアパートよりも、1Kや1DKの少しグレードの高いRCマンションのほうが需要は多いといえます。

もちろんファミリー層が多い地域ならば、2LDK以上のファミリータイプの物件に需要が多いでしょう。ファミリー層の需要が多いかどうかは、保育園や幼稚園の充実具合や小・中学校の評判なども気にするといいかもしれません。

たとえば東京都内には公立の小学校でも、名門と呼ばれる学校があります。こうした公立の学校は、通りが一本違うだけで校区が異なります。

また、空室を効率よく埋めるためには、管理会社や仲介業者、またその両方を兼ねた賃貸管理会社との付き合い方や選び方にもコツがあります。

ただ、皆さんに知ってもらいたいのは、いずれにしても空室は不動産経営について回るものということ。ですから、あらかじめ一定の確率で空室になることを見込んだ計画にする必要があるのです。その点、本書で紹介しているWゲインシートは、その空室見込みを織り込んでいるので難しいことはありません。

ちなみに空室リスクとしてときどき名前のあがるサブリース方式は、私はお勧めしていません。サブリース方式とは、サブリースを行う不動産管理会社が物件を一括して借り上げて、入居者と直接に賃貸契約を結び、その不動産管理会社はさまざまな手数料を引いた金額を賃料として物件のオーナーに渡すというスキームです。サブリースを行う企業が必ず儲かるようになっているので、その利益の上乗せ分が不動産投資家にとっては重荷になると私は考えています。

気をつけないといけないのは、見かけの数字上はすごく理想的に見えるようにしているケースがあることです。その裏側には、「退去が出たときの原状回復をその会社でやること」という条件があったり、2年ごとの契約更新で家賃を相場以上に下げてくること、それならば契約破棄という選択を取ろうとすると、違約金が発生することなどがあります。サブリースを考える場合には、このあたりにもよく注意してください。

工務店や管理会社との上手な付き合い方

修繕費というコストもリスクになります。物件の老朽化などに伴い、修繕が必要となる箇所は、複数あります。

建物としては、外壁塗装、屋上防水加工、屋根の修繕、鉄部のメンテナンス、給排水管（水道設備）など、室内（各部屋）としては、エアコン、ガス給湯器、水回り設備、畳や壁紙の張り替えなどがあります。

こうした修繕は、問題が発生してから直す場合と、予防として対策を講じる場合とがあります。基本的な考え方としては、建物の価値に重大な損害をもたらすものについては、予防策を講じておき、そうでないものについては、空室リスクや家賃下落リスクに直結しない範囲のもの（私はほとんどが当てはまると思います）は対症療法、つまり問題が起きてから直したり、更新したりすればいいでしょう。

こうした修繕において大事なことは、どのような業者と、どのような付き合い方をしておけばいいかです。工務店やリフォーム会社に依頼することになるのですが、その際に適正な価格で行ってもらえるか、割高な請求書が届くのかは、業者やその業者との付き合い方次第だからです。

まず普段からすぐに連絡の取れる工務店は、2~3社は持っておいたほうがいいでしょう。そのうえで、相見積もりを取ります。普段から付き合いのある業者と、新たな別の業者の2~3社に相見積もりを取ることで、割高な見積書を見抜く目を持つのです。

先ほどの空室リスクの項目でも触れた管理会社や賃貸管理会社が修繕のノウハウを持っていますので、彼らの知見を活用するのも手です。彼らは工務店との付き合いも豊富ですので、紹介してもらう、アドバイスをもらうといったこともできます。委託してしまえば楽ではありますが、まったく彼らの言うままでもよくありません。業者と癒着している可能性も否定できないからです。管理会社を利用する場合にも、きちんと相見積もりを取って、予防策を張るべきでしょう。

そして、信頼できる業者ができたら、電話一本ですぐ済むような人間関係を築いておくことも大切です。

37

インスペクションはすべきか

新築の場合は別ですが、中古物件を検討する場合、修繕リスクを下げるためには、購入前にその物件が手のかかる建物なのかどうかを見極めることも大切です。

よくいわれるのが、耐震基準の法律が変わった1981年以前の建物は避けるべきだということ。確かにひとつの目安にはなりますが、杓子定規に1981年以前の建築物はダメで、1981年以降の建築物はOKだと考えてはいけません。建物は一軒として同じものはないので、それぞれにチェックしなければわからないというふうに考えてください。

といっても、建物の状態について、我々素人にはなかなか判断はつかないものです。建物の状態のチェック箇所としては、基礎、外壁、屋根・屋上、ベランダ、天井・柱、床、内壁、配管、換気ダクト、外構など広範囲に及びます。本業のある皆さんが、これらを事細かく見ていくのは、少し的が外れているように感じます。

前にもお伝えしましたが、ひとつには修繕履歴をチェックすることで、多少はどのような状態なのかが全体としてイメージできます。

そのうえで、ホームインスペクター（住宅診断士）という第三者に、建物の状態を見てもらうのはどうでしょうか。無料の診断もあるようですが、ホームインスペクターは国家資格ではありませんので、その能力は玉石混交です。心配なようでしたら、きちんとお金を払って質の高い診断を受けたほうがいいでしょう。目安は10万円程度のようです。

38 家賃滞納対策として定期借家にする、家賃保証会社の保険に加入する

入居者の家賃滞納対策は、前に触れたように定期借家にすることや、家賃支払いの口頭・電話などでの通知、内容証明郵便による督促状の送付などがあります。しかし、こう

した督促を行ったところで、払わない人は払いません。というのも、払えるものならば払っているからです。

ですから本人に直接督促するよりも、入居時に登録してもらった連帯保証人に連絡したほうがいい場合もあります。周囲に迷惑がかかることがわかった途端に、お金を払ったり、経済的困窮に陥っていることに気づいた保証人が、家賃を肩代わりしてくれたりする可能性も高いでしょう。

とはいえ、私はこのような面倒なことは今はやっていません。もちろん、このように自分で賃貸管理をすることで、借り手の状況がよくわかり、家賃滞納をする前に予防線を張っておくことができるなどのメリットがありますが、それを上回る手間とデメリットがあります。

したがって、家賃保証会社の保険に入ることをお勧めしますし、私自身も加入しています。ちなみに家賃保証料は、基本的に借り手が負担するもので、貸し手側に負担はかかりません。客付けが鈍《にぶ》る（借り手がつきにくくなる）ということも確かにありますが、業界全体が家賃保証会社を付ける方向に動いているので、客付けという意味で足を引っ張るケースは減ってきています。

この家賃保証会社の保険は、入居予定者の信用調査のほか、家賃滞納時には、家賃の回収を代行してくれるというものなので、ぜひ加入を検討したいものです。ただ、オーナーチェンジ物件の場合、過去から入居していた借り手は未加入の場合があります。そうしたときには加入をお願いするか、難しい場合はこちら側で費用を負担して、入ってもらうようにします。

39

近隣環境の変化への予防策はある？

近隣環境が変化することのリスクは、予防策が立てづらいものです。わからないものはわからないので、あまり恐れなくてもいいかと思っています。

たとえば大きなパチンコ店ができたとします。それはそれで嫌がる人もいるでしょうが、そこには雇用が生まれ、従業員の住宅が必要となるケースもあります。ですから、もしも近隣環境に変化が起きるという話が聞こえてきたら、いたずらに「問題が起こった」と思うのではなく、「チャンスかもしれない」と、いろいろな可能性を考えてみるといいのではないでしょうか。

情報収集をきちんとすればわかることもあります。たとえば、需要を見込んでいた大学が移転になる、再開発で大型のマンションが建つ、ショッピングモールができて交通の流れが変わるといった情報は、いきなり出るものではありません。その地域に暮らす人や事業者の耳には必ず入ってくることなので、近隣の聞き込みをすることで、見えてくるものも少なくありません。

こうした近隣環境の変化については、ただ漫然と現地に行くのではなく、朝・昼・夜という時間軸、事業者・住民・学生といった人軸、日曜か平日かという曜日軸で、視点を変えて見ることで、いっそう質の高い下見ができるでしょう。

40

物件価格の下落はどこまで考えておくべきか

物件が古くなるということのリスクについて、考えてみましょう。建物が古くなることで、通常は2つの下落が起きます。家賃の下落（インカムゲイン）と売却価格（キャピタルゲイン）の下落です。

家賃の下落については、避けようのないものですが、私がお勧めする1都3県で駅近の物件であれば、大きく値崩れすることは考えにくいでしょう。おおむね下落率は年間1％と考えれば十分だと思います（実際に過去の相場家賃の推移を見て、考慮してください）。そしてこの家賃下落、年間1％は、もちろんWゲインシートでは織り込み済みです。

つまり家賃下落が1％を超えると、ややリスクとなります。では、どうなると家賃が1％以上も下落するのでしょうか。万が一、そのエリアで過疎化が進み、人口が減るようだと、需要減となり、家賃は値崩れします。

駅の乗降者数は多いほどよいのですが、その内訳が特定の属性に集中していると、その分だけリスクが高いといえます。

たとえばひとつの大企業の社員ばかりがそこの駅を使っていたとすると、その企業が傾いたり、拠点を変更したりすると、駅の乗降者数は激減してしまう可能性があるといえるのです。これは特殊な例ですので、そこまで深く考える必要はなく、頭の片隅に置いておく程度で十分です。

ではもうひとつの、売却価格の下落については、どう考えればいいでしょうか。実は、建物については経年劣化とともに価値が下がりますが、土地はそうではありません。特に人気のある土地は、高値で取り引きされ続けますので、私がお勧めしているような条件の物件において、物件価格の下落は、そこまでリスクだと考えなくてもいいといえます。むしろ、そうした需要と人気の高いエリアを見極めて物件を購入することが、不動産投資の成否を分けるともいえるかもしれません。

当然ながら、建物の価格が下がっていくリスクを軽減するには、メンテナンスを怠らないことが大切です。それには、きちんと満室に近い状態で経営していくことが必須です。キャッシュフローが毎月残せれば残せるほど、メンテナンス費用にお金を回せるようになるからです。

そして、次に販売するときにも、満室かそれに近い状態で売りに出したほうが、高値がつきます。投資家によっては空室が目立つ割安の物件ばかりを好んで購入し、満室にした状態で販売するというスキームを取っている人もいます。

41

管理会社か自前で管理か

自前で管理することで得られるメリットとして、最大なのはお金です。業者に依頼しないので節約できるのです。ですから、先ほどお伝えしたような空室の物件を購入し、満室にして転売するような投資家は、しばしば賃貸管理の大部分を自らまかないます。

しかし、皆さんのような本業をお持ちの経営者が、それと同じことをしていたら、おそらく本業に手が回らなくなります。ですから、業者に委託したほうがいいでしょう。

そこで私のお勧めは、客付けと管理の両方を手がける不動産販売会社（賃貸管理会社）

とお付き合いすることです。なぜかといえば、そういう不動産販売会社は管理のほうで儲けを出したいと考えているケースが多く、そのために客付けを頑張るからです。「満室にしていただいたら、管理もお願いしたいと思っています」と言われたら、当然満室にしたくなりますよね。だから、客付けで利益を取ることに執着しなくなるので、自分のところの広告費を他社に出したりしてくれます。言葉は適切かわかりませんが、管理というストックビジネスを餌にして、客付けを頑張ってもらうわけです。

私の場合は、次のように伝えます。「何カ月でここの物件を、埋めていただけますか?」するとだいたい「3カ月以内で満室にします」と言っていただけるので、「もし、決めていただけるなら管理もお願いします」と管理についても契約することにしています。

それで1カ月経過ごとに「確か、3カ月で満室にするということでしたが、いかがですか?」と聞きます。もちろん高圧的ではなく、丁寧に伝えます。

万が一、3カ月で満室にならなくても、定期的に連絡をとることで、優先的に動いてくれるようになります。

結局、客付けの成否は営業マンの腕次第のところもあるので、きちんと頑張っていただいた人には、お礼をすることで、空室リスクを減らしていけるということです。

加えて、玄関先にスリッパを用意する、いつ内見が入ってもいいようにきちんと空気の入れ替をしておく、下水につながる蓋《ふた》（洗濯機の排水など）はテープなどで塞《ふさ》いでおく、内見のための鍵の受け渡しで面倒を与えないために、あらかじめダイヤルロック式の鍵にして番号を伝えておく、住人の退去が決まったら事前に撮っておいた部屋写真を提供する、窓の外から見える夜景や花火の風景（窓際の壁に、見本として飾るなど）、近所の桜並木などの写真を提供する（玄関に置いておくなど）といったことで、客付けの確率が高まるよう協力する姿勢を見せることもひとつの手だと思います。

ただ、当然ですが、家賃によって入居者の特性は変わります。

たとえば、家賃4万円のワンルーム物件に、日用品（ティッシュ、シャンプー、ボディソープなど）を用意しておくのはいいかもしれませんが、家賃15万円のワンルーム物件ならば、同じ日用品でも少し高級感のあるものを意識したほうがよいかもしれません。

42

天災は避けられない？　火災保険の考え方

天災（自然災害）は避けられません。台風、地震、大雨、津波、噴火など、日本はどこでもさまざまな自然災害の可能性を持つ国です。だから、すでにお伝えした保険に入っておくことが大事なのですが、もうひとつチェックしておくべきはハザードマップです。

自治体や国が発表しているハザードマップを見ると、昔に比べて充実したものが、容易に手に入ります。

また、東日本大震災での甚大な被害を受けて、不動産売買契約のときに読まれる重要事項説明書には、津波災害の警戒区域であるかどうかが盛り込まれることになっていますので、頭に入れておきましょう。

では、ハザードマップで災害の危険度が高いか、やや高い地域の物件は買うべきではなく、ハザードマップで災害の危険度が低い地域の物件ならば安心であると断言できるのでしょうか。私はどちらも正しくはないと思っています。というのも、道を挟んだ隣同士の家でも、被害の大小が変わるのが自然災害です。そこで、現地に行き、その土地で長年暮らしているような方に、話をうかがうのがいいと思います。

災害に関する可能性について事前チェックは行うものの、もちろん火災保険も含めた住宅総合保険にも入ります。最低限のものではなく、私は中から上の間くらいの価格のものに加入します。地震保険も使え、ある程度任意で決められる建物評価額は十分な金額にします。もっとも、火災保険は融資の条件に入っているので、否応なしに入りましょう。

自然災害で保険請求をしたら、その後の保険額が上がるのではないかという声を聞くこともありますが、一概に保険額が上昇するわけではないようです。

とにもかくにも、最上級のものに入る必要はありませんが、十分に手厚い保険に入っておくほうがいいでしょう。

第7章

キャピタルゲインを上手に手元に残すための「イグジット戦略」

43

普段から定期的に査定をしよう

Wゲインのひとつであるキャピタルゲインは、言い換えれば出口（イグジット）戦略です。不動産投資を始める前から、もしくは始めたばかりなのに、出口のことも考える必要があるのかという声もあるでしょう。おっしゃるとおりです。あまり考えなくてもいいと思います。ただ、多少は頭に入れて、いつでも引き出せる状態にしておかなければいけないことでもあります。

ただし、ここでいう出口戦略とは、不動産投資をやめるという出口ではなく、物件ごとに売るかどうかの選択ということです。

実際にやるべきことは、そう多くありません。まずは、定期的に査定を行うことです。言い換えれば、今売ったならば、いくらなのかを知っておこうという意味です。

この査定は、年に1回程度行うのがベストだと思います。それ以上だとほかのやるべきことや本業に支障が出てしまうでしょうし、それ以下だと市場の変化のスピードに追いつかず、売るべきタイミングを逃す可能性が出てきます。

そして、1年に一度、物件の査定を行うメリットは、現在の売却価格を知ることだけではありません。第三者（物件を売ることを専門とする不動産販売会社）に物件を見てもらうことで、建物の問題点を見つけたり、賃貸運営の方向性を考え直すよいきっかけになったりします。

44

査定するときのコツ

査定するときに気をつけるべきことは何でしょうか。

まず、複数の物件を持っているときには、同時に行うことです。これは手間を省くという意味で必要だと思います。

査定で最も煩雑に感じるのは、不動産販売会社とのやりとりです。

ですから、できれば同じ担当者に同じタイミングで、すべての物件を同時に査定してしまうと、かなりの手間が省けます。

だからといって、1社だけの査定だと本当の市場価格は見えづらいものですので、2～3社にお願いします。

査定時期については、特にこの時期がいいというものはありません。強いて言うならば、多くの会社が決算をむかえる1～2カ月前だといいかもしれません。儲けが出すぎた会社による、数字合わせのための購入が見込めるからです。

実際に営業の担当者と会ったら、次の3つを聞きます。

「すぐに売りたい場合の価格」

「3カ月以内で売れると予想される価格」

「半年くらいかかってもいいから売りたい場合の価格」

そのうち、3カ月以内で売れると予想される価格が、今の正味の不動産価格に近いといっていいでしょう。

売るべきタイミングはいつか？　スタンスを決めておく

では、「3カ月以内で売れると予想される金額」がいくらだったら売るべきなのでしょうか。こればかりは、個別の事情によってまったく異なるので、十把一絡げにいうことはできません。

いくつか目安となるものはあります。ひとつは、国土交通省が発表している不動産価格指数です。この数字を見ると、不動産市場に大局がわかりますので、いつが売り時なのかの目安となります。

借入残高も目安のひとつです。借入残高に比べて売却価格がマイナスであれば、当然ながら売り時とは言い難いです。当然ながら、物件の売買には仲介手数料や不動産取得税、登録免許税など、さまざまな諸経費がかかりますので、それらも加味して、損得を考えないといけません。

また、法人でない場合、所有期間5年以内に売却する場合には、譲渡税が上がることがあります。ですから所有期間にも気を配る必要があります。

ただし、譲渡税は売買によって利益が出たときのみにかかってくるものなので、インカムゲインや諸経費を加味した総合的な損得で見なければ正しい判断はできません。

また、利益は手元に残った利益だけではなく、税法上の利益なので、専門家に相談するのがよいでしょう。

いずれにしても、どういう数字になったら物件を売るのかということを、あらかじめ方針を固めておくといいでしょう。行き当たりばったりではなく、この物件でこれくらいの利益が得られたら十分だというスタンスを決めておくことで、「売るべきか待つべきか」で常に頭を悩ませている、ということがないようにしたいものです。皆さんは経営者であり、本業があります。常に売買を念頭に置いておくのではなく、基本的には所有し続けられる物件を選ぶのがよいのではないでしょうか。

46

売却時期の見極め方

価格だけではなく、どのような状態ならば有利に売ることができるのか、ということも考える人もいます。

たとえば物件が所在するエリアで、市場に出回っている物件数が多い時期に売りに出すか、少ない時期に売りに出すかといったことです。

こうした市況で判断するのは、基本的には区分マンションの売買のときだと私は考えています。区分マンションの場合、似たような物件が多数出回るときがあり、普段なら無用な価格競争に巻き込まれることもあるからです。

また、区分マンションでは、投資家への販売ではなく、実需用に販売するケースも少なくありません。実需用に販売したほうが、高値で売れる傾向があるからです。ですから、実需が増える時期、具体的には異動や年度替わりのタイミングを見計うことも重要だといえるのですが、これも一棟ものの場合にはあてはまりません。

なぜ区分マンションと一棟ものでこうした違いがあるのかといえば、一棟ものは個性があるからです。同じエリアで似たようなものが出回るケースは、極めて稀なのです。

先ほどもお伝えしましたが、一棟ものの場合、あまり売る時期というのはこだわる必要はありません。もし厳密にいうのならば、買いたい人の立場になったときに、少しでも買いたいと思うような時期、つまり「決算に間に合うように買えるかどうか」というようなことを少し考慮したらいいのではないでしょうか。

47 どのような不動産販売会社と付き合うべきか

実際に、どのような不動産販売会社に査定を出したらいいのでしょうか。また、実際に売りに出したいときを逆算したら、どのような不動産販売会社と付き合っておくべきなのでしょうか。

何はなくとも、高く売ってくれる不動産販売会社がいいでしょう。それでは、高く売ってくれる不動産販売会社とはどういうところか。それは、高く買ってくれる優良な顧客（会員）をたくさん持っているところだといえます。

つまり、不動産販売会社は物件が出てから買い手をゼロから見つけるというケースもありますが、あらかじめ「こういう物件がほしい」という要望を聞いた顧客のなかから買い手を見つけるパターンも少なくないのです。

優秀な営業マンほど、すぐに物件と買い手をマッチングできるような状態に頭の中でなっているということです。

さて、ここで考えたいのは、顧客をたくさん抱えている不動産販売会社とはどういうところかということです。ひと言でいえば、大手の不動産販売会社がいいでしょう。大手には大手なりの安心感があり、資産が豊富な顧客ほど「やはり大手なら安心」と考える傾向があります。

ですから購入するときは、街の不動産販売会社など、濃い人間関係があるところから購入し、売るときには大手の不動産販売会社がいいということです。

そして、少しでも高く売るためには、そうした営業担当に「どうしたらもっと高く売れますか?」と直接的に聞いてしまっていいと思います。というのも、潜在的な買い手の要望について、最も把握しているのが彼らだからです。

修繕したほうが高く売れるというのならば、修繕を検討していく。満室にしてからのほうがいいというのであれば、あらゆる手段を駆使して満室にする。買い手から「ぜひ、ほしい!」と言われる条件に近づけることが大切です。

48

不動産販売会社に伝えるべきこと

そのほか、不動産販売会社にアピールできるものもあります。伝えるといいのは、直近の修繕履歴です。せっかくお金をかけて修繕したものですから、何月何日に○○をしている、ということは明確に伝えるべきです。

それから、いつでも不動産販売会社に渡せるよう、写真も撮っておくといいでしょう。たとえば満室経営だった場合、居住者がいるため内覧にはひと手間かかります。ですから、部屋の写真などはあらかじめ撮っておき、ストックしておくといいと思います。

また、ダメ元で仲介手数料を値切るのもありです。実際、私は3％の仲介手数料を2％に値切ったこともあります。ただ不動産販売会社は敵にまわしてもいいことはありませんので、相手を見て判断してください。たとえば、懇意にしている不動産販売会社で、いろいろな融通を利かせてくれているのだったら、なるべく仲介手数料は最大に払うほうがいいでしょう。その後の付き合いに支障が出ないようにするためにです。

逆に大手の不動産販売会社で、そこまで人間関係が深くない場合には、短期的な利益を優先して、値切るという選択肢も出てきます。

第8章

【徹底解説】Wゲインシート®

49

Wゲインシートとともに最低限覚えておきたい9つの数字

第1章で、Wゲインシートをダウンロードしていただく際に、シートについての全体像を説明しましたが、各項目について解説をします。まずはWゲインシートとともに、最低限覚えておきたい関連情報を簡単に説明していきます。

① 利回り

利回りは、想定利回りと書かれている場合、販売業者が任意で決めるので、多くの場合、高めに設定されていることがあります。高めに設定することで売りやすくしたり、ローンを通りやすくしたりできるようですが、買う側からしたら収入が減るということですから注意が必要です。利回りを自身で計算する簡単な方法は、年収を12カ月で割って月収を出します。その月収を部屋数で割れば、1部屋当たりの想定家賃が出ます。物件情報には、建物面積が記載されているので、建物面積を部屋数で割ると、1部屋あたりの広さが出ます。1部屋あたりの家賃と広さが出たら、インターネットなどで見られる賃貸情報と照らし合わせながら、自分が部屋を借りるつもりで見ていきます。「ちょっと高いな」と思ったら、割り引いてから年収を出します。

②借入金利

借入金利とは、銀行からお金を借りるときの金利です。都市銀行から借りる場合の金利が一番低く、地方銀行、信用金庫、信用組合が少々高く、不動産に積極的に融資している銀行やノンバンク系の銀行の金利が高くなります。あくまでも目安ですが、都市銀行からノンバンクまでは融資金利に開きがあります（次項③の表を参照）。

③イールドギャップ

イールドギャップとは、利回りから借入金利を引いた数値のことです。ざっくりとした実質の利回りといえます。利回り10%の物件で、借入の金利が2%ならば、イールドギャップは8%になります。前述したように、借りる銀行によって、借入金利が変わるので、なるべく低い金利で借りるように努力する必要があります。多くの銀行は頭金を必要とします。頭金を抑えたい場合は、ノンバンク系などで、高めの金利を負担することにより、フルローン、オーバーローンが組みやすくなります。その場合は、さらに物件の利回りを上げないとイールドギャップは高くなりません。

銀行の種類	借入金利 借入金利 30年	理想的な利回り	借入率	備考
都市銀行	1.0%～ 2.0%	7.5%～ 8.0%	90%	融資条件が厳しい通常は頭金2割程度
地方銀行、信用金庫	1.5%～ 2.5%	8.5%～ 11.0%	90%～ 100%	100%融資は銀行による
不動産投資に強い銀行	3.0%程度	10%～ 13%	90%～ 100%	低利回りなら頭金を投入する。注2
ノンバンク系	3.0%～ 4%台	10%～ 13%	100%	融資条件が緩い

- 都市銀行は条件が厳しく、物件価格の80%以上の融資は一般的に厳しい
- 物件の耐用年数に厳格なため、木造の場合は30年の融資期間が取りにくい傾向がある
- 金利が3%以上で、100%融資を希望する場合は、利回りが10%以上の物件を探す

④ 返済年数

返済年数は、借入額を何年間で返すかを示す数字です。8%程度の利回りの物件なら、30年間の返済期間を取らないと、キャッシュフローがあまり出ません。すでにお伝えしたとおり、複数の物件をすでに所有しており、減価償却を多くしたい場合などでは、古い物件などを短い返済期間で購入するメリットもありますのでトータルで考えるべきですが、おおむね1棟目の購入の場合には、30年の返済期間が望ましいでしょう。

なお、都市銀行は金利が低い分、法定耐用年数に準じることが多いです。したがって、木造は22年、鉄骨は34年、鉄筋コンクリートでは47年とそれぞれの耐用年数から経過年数を引いた残りの年数程度を基準に融資します。木造の場合は新築であっても30年取れないこともあって、キャッシュが出ないので、利用しにくいです。

地方銀行や信用金庫は、少々金利は高くなりますが、30年の融資が取りやすくなるので、利用しやすくなります。

不動産投資に強い銀行やノンバンク系の銀行はさらに長く借りることもできますが、金利も高くなり、3~4%台となるので、キャッシュフローを見ながら、利用することが望ましいです。

③イールドキャップの項の表は、融資期間を30年にした場合の表です。融資を受ける銀行と、その借入金利を見ると、ターゲットの利回りが決まります。30年の融資期間を取らない場合は、借入率を下げるか、より利回りの高い物件を探すなどの対応が必要になります。

最初の頃は、キャッシュがきちんと出る都心のバランスのよい物件に投資し、その後、利回りが高めの物件で、返済期間を短くしていくとよいでしょう。なぜなら、最初に利回り高めの物件をノンバンク系の融資で購入してしまうと、その後、地銀などから融資を受けづらくなる恐れがあるからです。

⑤借入率

借入率は、物件価格のどのくらいの比率を借りるかを表した数字です。100%を貸してくれる銀行もありますし、80%程度までの借入率になることもあります。都市銀行の場合、100%融資は一般的に難しいでしょう。地方銀行や信用金庫などでも、借入率は最大で80%の場合もあります。ただし、都市銀行に比べれば、100%借りられる可能性もあるので、問い合わせてみてください。

基本的には、借入率100%を希望する場合は、信用金庫か地方銀行かノンバンク系の銀行を狙う必要があります。

⑥ 頭金（自己資金の内、ローンに組み込むお金）

キャッシュフローを多くするためには、ある程度の頭金の投入を検討しましょう。前述したように、都市銀行は、物件価格の10～30%の頭金を入れることが、融資条件となることが一般的です。信用金庫や地方銀行は都市銀行に比べて頭金を抑えやすい傾向があります。また、不動産投資に特化した銀行やノンバンク系銀行は、頭金を要求されないこともあるので、頭金を抑えたい場合は、不動産投資に特化した銀行や、信金を狙うといいと思います。頭金を多くすることによって、キャッシュフローはよくなるので、投資としては安定が図れます。つまり、シミュレーションした結果の返済比率は50%程度を目標としてください。大きく上回る場合は、頭金を入れるか、金利が低い銀行を探していくか、返済期間を長くするか、対策をする必要があります。

⑦ 総収入

総収入とは、満室時の家賃収入のことで、潜在的に得られる最大収入です。これは、購入時に満室であったときの収入で、年を重ねるごとに徐々に下がっていきます。また、新築物件でまだ入居者が決まっていない場合や、中古物件で空室があった場合には想定家賃が含まれますので、家賃設定が適正かどうかは購入時に十分に査定をしておきましょう。簡単にいえば、賃貸情報をもとに、相場の家賃で計算をしてみることで、総収入の金額と開きがないかの確認をします。

⑧ 実質収入（NOI）

実質収入は総収入から月々の諸経費と、空室損を引いた金額となります。シミュレーションする場合は、諸経費と空室損を合計で20％と仮定して、総収入の80％を実質収入として計算します。

⑨ 諸経費

諸費用は物件価格の7～8％くらいがかかります。ただし、この費用のすべてが購入時に必要というわけではありません。以下、物件価格1億円の場合の例をあげてみましょう。

諸費用の項目概算例
仲介手数料（物件価格の3％）＝300万円
不動産取得税（課税標準評価額の3％）＝150万円
物件の移転登記（課税標準評価額の2％）＝100万円
借入額の移転登記（借入額の0・4％）＝36万円
借入保証料（借入の1％）＝90万円
火災保険（建物の2％）＝100万円
合計776万円

右記の内、不動産取得税の150万円は、早くても6カ月後に請求が来ますので、それまでに用意できればいいでしょう。火災保険の100万円については、一括で支払った場合には、そのくらいかかりますが、月払いにすることで、支払いを分散させることもできます。

また、仲介業者が入らない売主物件であれば、仲介手数料の3％（300万円）がかからなくなりますし、仲介業者が直接個人の売主を持っている場合は、仲介手数料が値引きできることもあります。ですから、購入価格帯は、多少幅を広げて探すことで、優良得物件を見つけるチャンスは大きくなるといえます。

50

間違いやすい5つの数値

①債務償還余裕率（DCR）

DCR（債務償還余裕率）は、借入がどれだけ安全かを見る指標で、家賃収入から経費と空室損を引き、残りを返済額で割った値をいいます。計算式は次のとおりです。

債務償還余裕率（DCR）＝（総収入－運営費－空室損）÷返済額

ここでの注意点は運営費と空室損をどのくらい見ているかによって、値が違ってしまうこと。ですから、適正な値で計算されているかを確認する必要があります。具体的には、運営費と空室損で20％として計算をしておきます。また、一般にこの値は1・3以上が基準とされていますが、それは融資が通るギリギリの数値にすぎません。初年度は1・5以上を確保するようにするのが理想です。

以下の条件で計算をしてみましょう。

総収入＝100
運営費＝10
空室損＝10
返済額＝50
債務償還余裕率（DCR）＝（100－10－10）÷50＝1・6となります。

たとえば、毎月の家賃収入が100万円と仮定します。返済を半分の50万円として、経費と空室損を10％ずつとすると、（100－10－10）÷50＝1・6となり安全といえるでしょう。前提として運営費を10％、空室損を10％と見ているので、毎月の経費を抑えることが重要となります。空室対策にサブリースを契約している場合、空室でも家賃が振り込まれるわけですが、手数料が高くなります。満額家賃から10％くらい引かれるので、キャッシュフローをかなり圧迫します。

Wゲインシートでは、空室リスクは10％を見ていますが、都内近郊を前提としています。また、駅前からの徒歩の距離は、10分を基準にしています。ただし、条件によって15分くらいまでは視野に入れてもよいでしょう。同じ駅でも東側はいいけれど、西側はダメなど地元の不動産販売会社でしか得られない情報もありますので、地元の不動産販売会社へ出向いてヒアリングしてみるとよいと思います。

②損益分岐

損益分岐は、どのくらいの入居率だと、収益がちょうどプラスマイナスゼロなのかを示す指標です。計算式は次のとおりです。

損益分岐＝（運営費＋返済額）÷総収入

一般的にこの値は「70％以下が望ましい」といわれますが、運営費をどう見積もるかによって値は変わります。運営費を少なく見積もると、当然見かけ上の数字はよくなりますが、実態を表しているとは言い難くなります。

運営費を仮に10％として計算し、60％以下に抑えるようにしておくと安心だと思います。単純な話なのですが、運営費を入れなければ、返済額÷総収入なので、返済比率と同じになりますから、返済比率を50％に抑えるようにするのと変わらないということです。返済比率で見たほうがシンプルなので、判断しやすいかもしれません（Wゲインシートでは、債務償還余裕率（ＤＣＲ）で代用しています）。

以下の条件で計算してみましょう。

総収入＝１００
運営費＝10

空室損＝10
返済額＝50
損益分岐＝（10＋50）÷１００＝60％

③自己資金利回り（ＣＣＲ・ＲＯＥ）

ＣＣＲ（ＲＯＥ）と表記されることもある自己資金利回りとは、「実質キャッシュフロー（ＮＯＩ）÷自己資金」で計算される数値です。計算式は、次のとおりです。

自己資金利回りＣＣＲ（ＲＯＥ）＝実質キャッシュフロー（総収入ー運営費ー空室損ー返済額）÷自己資金

この値がよければ、自己資金をあまり使わずに、投資ができていることにはなります。しかし注意したいのは、その分、返済比率が高くなっていることが考えられるので、ほかの指標も見たうえで、良し悪しを判断する必要があるということです。不動産投資セミナーや関連書籍で、「資金ゼロでもできる！」などと謳っている場合は、この値が無限大になりますが、債務に余裕があるかも含めて検討する必要があります。

以下の条件で計算してみましょう。

総収入＝100（物件価格1250万円の8％）
融資率＝90（自己資金は銀行へ10％、諸費用に8％）
運営費＝10
空室損＝10
返済額＝50

自己資金＝225（1250万円の18％）
実質キャッシュフロー＝30（100−10−10−50）
自己資金利回り＝30÷225＝13％

この例では、自己資金に対する利回りは13％になりましたので、初年度の自己資金利回りは13％になります。

④自己資金回収期間（ＰＢ）

自己資金回収期間とは、自己資金を何年で回収できるかを示したものです。計算式は次のとおりです。

自己資金回収期間（ＰＢ）＝自己資金÷実質キャッシュフロー

自己資金利回りと同じように、資金が少ないほどよく見える数字ですが、その分返済比率が高くなっていることが考えられるので、ほかの指標と併せて見たうえで、良し悪しを判断する必要があります。

以下の条件で計算してみましょう。

総収入＝１００（物件価格１２５０の８％）
融資率＝90（自己資金は銀行へ10％、諸費用に８％）
運営費＝10
空室損＝10
返済額＝50

自己資金＝２２５万円（１２５０万円の18％）
実質キャッシュフロー＝30（１００－10－10－50）

自己資金回収期間（ＰＢ）＝２２５÷30＝７・５年

この例では、７・５年で自己資金を回収する計算になりました。初年度のキャッシュフローをベースに計算しています。

⑤ 積算

銀行から融資を引く場合に、銀行が物件を評価する指標として「積算」があります。計算式は以下のとおりです。

積算＝土地の積算（土地の広さ×路線価）＋建物の積算（法定残存年数÷法定耐用年数×再調達価格×建物面積）

以下の条件で計算してみましょう。

土地の広さ＝100㎡
路線価＝10万円
築年数＝10年
構造：木造（耐用年数22年、再調達価格15万円）
建物面積＝120㎡
物件価格＝5000万円

積算＝（１００㎡×10万円）＋（12年÷22年×15万円×１２０㎡）≒１９８２万円

積算割合は、積算÷物件価格なので、１９８２万円÷５０００万円≒40％となります。ですから、この例の積算割合は、40％になります。

構造が重量鉄骨の場合は、耐用年数が34年、再調達価格が18万円で計算すると積算割合は約50％になります。鉄筋コンクリートの場合は、耐用年数が47年、再調達価格が20万円で計算すると約58％になりました。

この計算例は、計算の方法を解説するための数値で計算しているため、実際の計算値とは異なります。鉄骨や鉄筋コンクリート造の、築浅物件はなかなか売りに出ていることが少ないと思います。また、物件自体の価格が高くなるうえ、物件がどこにあるかによっても、数値が変わります。

一般的には、都内近郊の物件は積算が出にくい傾向にあります。また、新築の場合も、物件価格が高いので積算が出にくいといえます。土地がある程度広い場合は、積算が出やすくなりますが、地価との兼ね合いで、物件価格が高くなると、積算が出にくくなります。

地方では土地が広い（安い）物件の方が積算は出やすい傾向にあります。積算割合が大きいほど、融資条件は有利に働きます。しかし、物件を総合的に見て判断されるので、積算割合が低くても、都心の物件の方が高く評価されることもあります。積算は目安となりますが、絶対的なものではないといえるでしょう。

51 安定な経営状態かどうかの判断方法

●債務の健全性を確認する

前述したように、家賃収入に対して、返済額がどのくらいかを示すのが、返済比率です。

返済比率＝返済額÷家賃収入（満額）×１００

で表します。まずは、返済額を満額家賃で割ってみましょう。たとえば月々50万円返済していて、満額家賃が１００万円ならば50％になります。

空室率を確認する

満額家賃が1200万円（年間）として、その年の実績で収入がどのくらいだったかを計算します。家賃収入が実績で、1100万円だったとしたら、

空室率＝（1−（1100／1200））×100＝8・3％となります。

空室率は10％を目安にして、10％を超えていたら対策も検討する必要があります。

運営費の計算

月々支払う運営費の例を考えてみます。

家賃6万円×6部屋＝36万円／月収の場合
管理費1万8000円　3・0％（内容は集金および督促、空室時の募集）
清掃費1万8000円　3・0％
有線TV6000円　1・6％

共用電気2400円　0・6％
火災保険6500円　1・8％（一括払いではなく、物件購入時の初期費用を抑えるために月額した場合）
合計3万6500円　10・1％

ということで、運営費は10％程度になると思います。これを大きく上回る場合は、改善できる可能性があります。管理費を多く支払う場合は、費用対効果を十分確認してください。

●経営の安定性、今後の推移を予測する

実際の数値を計算したうえで、今後の安定経営が見込めるのかどうかを確認します。まず実際の家賃収入を計算します。年額どのくらい振り込まれたかを確認すればいいでしょう。
それから、毎月、決まってかかる費用について、差し引きます。

例1　初年度のデータ

家賃収入（満室）800万円
家賃収入（実績）720万円
運営費80万円
返済額400万円
家賃収入（実績）（年）＝720万円
返済比率（実績）＝400万円÷720万円＝55・6％
債務償還余裕率（DCR）＝実質収入（年）÷返済額（年）
（家賃収入（実績）－運営費（実績））÷返済額＝（720－80万円）÷400万円＝1・6

例2

5年目のデータ
家賃収入（満室）762万円
家賃収入（実績）680万円
運営費68万円

返済額４００万円
家賃収入（実績）（年）＝６８０万円
返済比率（実質）＝４００万円÷６８０万円≒59％
債務償還余裕率（ＤＣＲ）＝６１２万円÷４００万円＝１・５３
経過年と債務償還余裕率（ＤＣＲ）の値（想定値）
※返済期間30年の場合
※家賃収入が30年間で30％の下落があったものとする

例１では、初年度の債務償還余裕率（ＤＣＲ）が、１・６ならば30年間で30％の家賃下落があっても、借入の返済に余裕があります。５年後１・５３、10年後１・４４となっているように、年数経過後のＤＣＲの値を合わせてみることで、その先の５年後、10年後を予測できます。

たとえば、10年後のＤＣＲが１・４４となっているので、10年後の実績がこれよりも高ければ、経営としては良好と判断でき、１・35まで落ちていたとすれば、経営が５年も早く落ち込んでいることになり、25年を経過する頃に、利益がなくなる可能性があると予測できるのです。

例2では、債務償還余裕率（DCR）が1・53となっているので、5年目の値であれば、順調な経営状態といえます。

返済比率を比較する場合、実際の家賃収入を引用しますが、表の返済比率には、空室損が含まれていますので、実績の返済比率と比較して検討できます。

債務償還余裕率の値が悪くなければ、経営としては問題ありません。返済比率および債務償還余裕率の値が両方とも悪い場合は、空室損が10％よりも多かったり、運営費が10％よりも高くなっている可能性があります。返済比率が悪くないのに、債務償還余裕率が悪い場合には、運営費が増えている可能性があ

経過年と債務償還余裕率（DCR）の値（想定値）

- 返済期間30年の場合
- 家賃収入が30年間で30%の下落があったものとする

物件購入経過（年）	0	5	10	15	20	25	30
債務償還余裕率（DCR）	1.6	1.53	1.44	1.35	1.27	1.2	1.13
返済比率% （空室損を含む）	55.4	58.2	61.8	65.7	69.7	74.1	78.7

ります。

●減価償却費について（詳細は専門家に相談を）

減価償却費とは、建物の価格を法定耐用年数か残存年数で割った金額を年間の経費として計上できるものです。法定耐用年数は構造ごとに決まっており、木造22年、鉄骨造34年、鉄筋コンクリート造47年です。

新築の場合は建物価格をこの年数で割った金額が毎年の減価償却費として、経費に計上できることになります。

中古の場合の計算は以下となります。

償却年数（中古）＝（法定耐用年数－経過年数）＋（経過年数×０・２）

鉄骨造10年築の例（小数点端数０・５以上は繰り上げ、未満は切り捨て）

償却年数（中古）＝（34－10）＋（10×０・２）＝24＋２＝26年となります。

建物価格が5000万円であれば、

減価償却費＝建物価格÷償却年数＝5000万円÷26≒192万円／年

となります。

ここでは単純化のため、償却年数で割っていますが、詳しくは国税庁のウェブサイトで確認してください。

●所得税について

不動産投資で得た収入については、ほかの所得と合算して税金を納める必要があります。

たとえば、給与所得と不動産所得の合算した金額が330万円を超え、900以下の場合は以下の税率になります。

ただし、給与所得が700万円としても、

所得税率（個人）の場合（抜粋）

課税される所得金額	税率（％）	控除額
330万円を超え 695万円以下	所得税20％ ＋ 住民税10％	427,500円
695万円を超え 900万円以下	所得税23％ ＋ 住民税10％	636,000円

税金の対象となる所得は400万円程度となるので、家賃収入で300万円の利益があったとしても、700万円程度となり、概算として計算する場合は所得税が20%と住民税が10%となるので、30%として計算して差し支えありません。

合算所得の内、課税対象が695万円を超えた部分については、3%上乗せになります。

仮に800万円の課税対象の合算所得があった場合は、695万円までが、30%となり、695万円を超えた、105万円の部分が33%の課税になります。

●税金について（詳細は専門家に相談を）

以下の例の物件の場合の所得税がどのくらいになるか、計算してみましょう。

物件価格1億円
建物価格5000万円
利回り8%
借入金額9000万円
借入金利2%

家賃収入（年）800万円（30年で30%の家賃下落を考慮します）
空室損（年）80万円
経費（年）80万円
返済額（年）300万円（返済額の元金部分が課税の対象となります）
減価償却（年）26年

年間の返済額399万円のうち、返済額の元金部分が利益として計算されます。手元には残らないのに、税金の対象になります。

元金割合は、年を経るごとに増えていきますので、初年度が一番低く、30年間経過の直

経過年における課税対象利益と税額

物件購入経過(年)	0	5	10	15	20	25	30	備考
元金割合(%)	56.0	60.6	66.9	74.0	81.8	90.3	99.8	
元金部分(万円)①	223	242	267	295	326	360	398	①課税対象
純利益(万円)②	241	211	175	141	110	80	52	②課税対象
課税対象額(①+②)	464	453	442	436	436	440	450	課税対象の合計①+②
税額(30%)	139	136	133	131	131	132	135	

前には、返済額のすべてが元金部分となります。この返済している元金部分は利益となるので、税金がかかります。手元には残らないのに税金がかかるので、経営を圧迫します。原価償却費は、支出がなく経費に計上できるので、とても助かります。この例では、物件価格の50％が建物価格となっていて、償却期間が26年ですので、年間の利益から１９２万円の減価償却が可能です。たとえば、課税対象の利益から１９２万円を引いた残りの収入が３３０万円を超えて６９５万円以下の場合は、30％の税金がかかります。

物件を購入し、月々に同額の返済をしていきますが、返済額の内、元金にあたる部分と、金利にあたる部分とあって、初年度は56％が元金で44％が金利部分となり、初年度の課税対象は56％になりますが、10年後は67％、20年後は約82％が元金となり、課税対象が増加していきます。

ただし、純利益は家賃が10年後はマイナス10％、20年後はマイナス20％と減少していくので、キャッシュフローもなくなっていきます。

しかし、建物の減価償却費分が経費になるので、年間１９２万円分の利益は課税対象から外れ、税の負担は軽減されます。ただし、減価償却期間は物件によって異なるので、減価償却期間が切れるタイミングで税額が増える傾向があるので、キャッシュフローがどのようになっていくかを予測しながら、運営する必要があります。仮に、耐用年数が短かった場合には、短期間に償却するため1年の節税金額が高くなりますが、それは利益を先取りしていることになるので、償却期間を過ぎたときに増税の補塡ができるように準備しておきましょう。

経過年における課税対象利益から減価償却費用を引いた場合の税額

物件購入経過(年)	0	5	10	15	20	25	30	備考
元金割合(%)	56.0	60.6	66.9	74.0	81.8	90.3	99.8	金利2%。30年返済の場合
元金部分(万円)①	223	242	267	295	326	360	398	①課税対象
純利益(万円)②	241	211	175	141	110	80	52	②課税対象
課税対象額(①+②)	464	453	442	436	436	440	450	課税対象の合計①+②
減価償却費③	192	192	192	192	192	192	0	27年目から0円になる
課税対象額(①+②−③)	272	261	250	244	244	248	450	備考
税額(30%)	82	78	75	73	73	74	135	税率は30%とする

52

実際の数値でシミュレーションしてみよう

以下の物件と買い方で安定経営は見込めるかどうか、シミュレーションしてみましょう。

物件1

物件価格　1億3000万円
利回り　8・5％
築年数　0年（新築）
借入率　90％
借入金額　1億1700万円
返済期間　30年
借入金利　1・8％
家賃収入（年）　1105万円（30年で30％の減収を考慮します）

家賃収入（月）92・1万円
空室損（年）110・5万円
経費（年）110・5万円
返済額（月）42・1万円
返済額（年）505万円（返済額の元金部分が課税の対象となります。）

●検証

利回りが8・5％ということを考えると、金利も抑える必要があり、少なくとも1％台を目指さないと、キャッシュフローが取りづらいと考えられます。

借入金利が1・8％となっていますが、利回り8・5％、借入が90％、借入期間が30年であるならば、キャッシュフローがとれるのでよいでしょう。

返済比率＝505÷1105×100≒45・7％

この条件の返済比率を計算すると、約46%となるので、安定的なよい数字です。

また、債務償還余裕率（ＤＣＲ）は1・8となり、初年度に1・8のスタートとなると、家賃の下落等々を考慮しても、借入期間の間、キャッシュフローをプラスに維持できるため、購入の対象となります。このように、返済比率の数字をよくするため、利回り・金利・返済年数を調整しましょう。

●総評

この例では、利回りが8・5%であるため、1・8%でしかも返済期間を30年取ることにしました。そのため、金利を1・8%程度に抑えるために、都市銀行かそれに近い銀行を探した結果です。借入期間を30年として、返済比率、債務償還余裕率を理想的な数字に持っていきましょう。

物件2

物件価格　1億5000万円
利回り　10・5%

築年数　30年
借入率　85％
借入金額　1億2750万円
返済期間　30年
借入金利　2・3％
家賃収入（年）　1575万円（30年で30％の減収を考慮します）
家賃収入（月）　131・3万円
空室損（年）　157・5万円
経費（年）　157・5万円
返済額（月）　49・1万円
返済額（年）　589万円（返済額の元金部分が課税の対象となります。）

●検証

利回りが10・5％ということを考えると、金利は多少高くてもキャッシュフローが取れると考えられます。

利回り10・5％、借入が85％であるので、30年もよい数字ですし、借入金利が2・3％でも十分キャッシュフローを取れる計算になります。

返済比率を計算すると、約37・4％となり、とてもよい数字です。

債務償還余裕率（DCR）＝2・1

初年度2・1のスタートであれば、かなり安全な数字です。

●総評

この例では、利回りが高めであるため、融資条件は緩くてもキャッシュフローが取りやすくなります。築年数が30年の木造の場合は、法定耐用年数を超えているので、4年の償却期間となります。建物価格を4年で割って、その金額が経費として認められるので、4年間は税の優遇を受けるのですが、デメリットとして5年目からの税金が上がることになるので、最初の4年間の優遇された税金分は、利益の先取りであることを認識しておきましょう。

物件の割安感についてもシミュレーションしてみよう

物件価格　7000万円
土地面積　120㎡
路線価　20万円
土地価格　2400万円（路線価ベース）
建物面積（木造）　120㎡
建物坪面積　36・4坪
利回り　9・5%
築年数　30年
借入率　100%
借入金額　7000万円

返済期間　30年
借入金利　2・9％
家賃収入（年）　665万円（30年で30％の減収を考慮します）
家賃収入（月）　55・4万円
空室損（年）　66・5万円
経費（年）　66・5万円
返済額（月）　29・1万円
返済額（年）　350万円（返済額の元金部分が課税の対象となります。）

この物件について、割安かどうか、もう少し突っ込んで検討してみます。

土地価格は路線価ベースで2400万円なので、実勢価格は概算で、0・8で割り戻して3000万円となります。

土地価格を3000万円として、建物価格を4000万円と想定した場合には、4000万円÷120㎡＝33・3万円（㎡あたり）となり、坪単価＝33・3×3・3≒110万円となります。

この物件の場合、建物価格が坪単価で110万円となり、この価格であれば物件としては割高ということになります。ですから、この物件がお買い得になるためには、建物価格が2000万円以下であれば、坪単価が約55万円を割ってくるので、割安感も出てきます。もっとも、建物はグレードや手入れの状況にも左右されるので、複数の物件を比較すると感覚が身についてきます。

融資を受ける場合、銀行によっては積算価格が大きく影響する場合があります。特に、頭金を入れずに借入比率を高くしたい場合は、銀行も限られてくるため積算価格が非常に大きなウエートを占めることが考えられます。

同物件の積算価格は、以下のようになります。

積算価格＝（土地面積×路線価）＋（建物面積×再調達価格×（残存年数÷法定耐用年数））＝120㎡×20万円＋120㎡×15×（0÷22）＝2400万円　となります。

したがって、積算比率＝2400÷7000×100≒34・3％となります。この場合、融資に対して有利とはいえません。

物件価格　7000万円
土地面積　240㎡
路線価　20万円
土地価格　4800万円（路線価ベース）
建物面積（木造）　150㎡
建物坪面積　45・5坪

建物価格＝7000－4800＝2200万円
坪単価＝2200万円÷45・5坪＝48・4万円
積算価格＝240㎡×20万円＋150㎡×15×（0÷22）＝4800万円
積算比率＝4800÷7000≒69％

積算比率が70％程度になると、銀行によって評価が高くなり、100％融資も可能になってきます。積算で不足している部分は、自宅や別の物件を担保に入れるなどで高い融資率を得られることがあります。

また、積算の計算も一様ではないため、物件の場所や、融資先の銀行で異なることがあるので、まずは銀行に持ち込むことが重要です。

積算が取りやすい物件の特徴に、土地が広いことがあります。古い物件の場合でも土地については、劣化しないので、路線価ベースで算出できます。土地が高ければ高いほど、広ければ広いほど、積算は伸びる傾向にありますが、土地が高い地域の場合、物件価格が上がってしまうので、利回りが低くなり、数字が合わなくなります。土地も高すぎず、しかも広めの土地で物件価格が抑えられている物件が、狙い目となります。

●土地値物件として販売されている物件

物件情報（マイソク）に「土地値物件」と書かれている場合がありますが、本当に土地値物件になっているかどうかは、注意深く検証する必要があります。

土地値は、売れたときにはじめて決まるので、土地値という言い方をするためには、その周辺の土地が同様の価格で販売された実績が必要です。しかし、土地の売買は頻繁に行われるわけではないので、土地値といっても〝想定〟です。この想定は業者が、任意で決めることができるので、路線価を調べてどのくらいの割り戻しで計算されているかを確認します。

普通の土地であれば、路線価ベースの価格を0・8で割ることにより、概算が求められます。

あとは、その場所（駅からの距離など）の人気度によって変わります。万が一、0・8を基準に考えて、大きく外れている場合は、販売元に確認をしてみましょう。

おわりに　7棟購入までのロードマップ

ここまで、Wゲインシートを活用した不動産投資法についてお伝えしてきましたが、どのような印象を抱かれたでしょうか?

「本当に優良物件を見つけられるのか」
「融資を受けて、どこまで投資をしていけばいいのか」
「不動産投資のさまざまなリスクは、どこまで避けることができるのか」
など、投資に対する漠然とした不安は、本書を一読いただいただけでは、払拭しきれないのかもしれません。

少し、視点を変えてお伝えしたいのは、「不動産投資にまつわるリスク」を過度に恐れ、「不動産投資をしなかったことで起こるリスク」を考慮することができない、となるのは、ぜひ避けていただきたいということです。

本書の冒頭でも触れましたが、現在、企業を経営する立場にいる皆さんにとって、単月ごと、四半期ごと……に結果を出し続けていくことは、他の何よりも大切なことであると思います。ただ、例えば、ご自身の体調が崩れる、従業員が離職する、取引先の業績悪化など、いつ、どの時点で、問題が発生するかは誰も予測がつきません。本業とは別に、個人の資産の一部に、収益性の高くリスクが少ない不動産を所有していくことは、精神的にも安定する面が大いにあると考えます。

これまで、Wゲインシートを使って不動産投資を始めた方の中には、一棟目の物件を所有するだけにとどまらず、二棟目、三棟目と、不動産投資の投資先（物件）を増やしていく方が少なくありません。

不動産投資では、投資する物件を複数持つことは、リスクを回避するためにも、実に理にかなっています。

所有している物件のうち空室が発生して、収益が悪化してしまう。
家賃の滞納が発生する。
災害など、突発的な事象で物件に損傷が生じる。
過度にリスクを恐れる必要はありませんが、リスクを回避するための策は、事前に手を打っておくことにこしたことはありません。

そこで、リスクを回避するための一つの考え方として、複数の物件を所有する方法、時系列の流れを紹介したいと思います。

いきなりの話で、現実的なイメージがわかないかもしれませんが、一棟目を購入後、仮に、6年続けて毎年、物件をひとつずつ購入していく「ロードマップ」をご覧いただきます。

Wゲインシートには、購入後のキャッシュフローを計算できるシートもある

先に説明したWゲインシートには、購入すべき物件かどうかを判断する「Wゲインシート」と、物件を購入後の最終的な利益をシミュレーションできる「Wゲインシート＋税（キャッシュフロー詳細計算結果表シート）」の、2種類のシートがあります。

使い方としては、まず購入する物件に値するかをシミュレーションします。そこで「購入に値する」と判断した物件について、「Wゲインシート＋税」を使って、購入後に「減価償却」「税」を差し引いた利益を計算することができます。

7棟累計キャッシュ・フロー　7棟累計残債

	価格	頭金	融資率	利回り	金利	返済年数
1棟目	13,000	1,300	90.0%	8.5%	1.8	30
2棟目	15,000	1,500	90.0%	9.0%	1.6	30
3棟目	15,000	2,250	85.5%	10.5%	2.3	30
4棟目	15,000	3,000	80.0%	11.0%	1.6	20
5棟目	9,000	1,800	80.0%	12.0%	1.9	20
6棟目	9,000	1,800	80.0%	11.5%	1.7	20
7棟目	9,000	1,800	80.0%	12.0%	1.9	20
		13,450				

合計価格　85,000

現在、購入する物件を見当されている方も、実際に物件を所有した後に、キャッシュフローがどのように推移していくか、事前に知っておくことはとても大切です。

この図表は、1棟目の物件を購入した後、毎年1棟ずつ所有する不動産を増やしていくキャッシュフローを表したものです。

7棟の頭金は、仮に

1棟目＝1300万円
2棟目＝1500万円
3棟目＝2250万円
4棟目＝3000万円
5棟目＝1800万円

1年1棟購入(7年で7棟購入時)7 棟年間キャッシュフロー

年目	7棟 CF年間	7棟 累計CF	7棟 累計残債
1	379	379	11,403
2	881	1,260	24,247
3	1529	2,789	36,032
4	2108	4,897	46,535
5	2485	7,382	51,912
6	2823	10,205	56,951
7	3181	13,386	61,652
8	3097	16,484	59,108
9	3015	19,498	56,518
10	2934	22,432	53,880
11	2853	25,285	51,194
12	2774	28,059	48,460
13	2695	30,755	45,676
14	2618	33,373	42,840
15	2542	35,914	39,954
16	2466	38,380	37,014
17	2391	40,772	34,021
18	2318	43,089	30,974
19	2245	45,334	27,871
20	2173	47,507	24,711
21	2102	49,608	21,493
22	2031	51,640	18,217
23	1962	53,602	14,881
24	2595	56,197	12,190
25	2960	59,157	9,886
26	3319	62,476	7,967
27	3685	66,161	6,447
28	3620	69,782	4,899
29	3556	73,337	3,320
30	3492	76,830	1,712
31	3934	80,764	581
32	4439	85,203	0
33	4967	90,170	0
34	4906	95,076	0
35	4846	99,922	0

1年目1棟目購入
2年目2棟目購入
3年目3棟目購入
4年目4棟目購入
5年目5棟目購入
6年目6棟目購入
7年目7棟目購入

53,602 × 0.6 − 13,450 =
18,711

6棟目＝1800万円
7棟目＝1800万円
として、合計を1億3450万円とします。

23年目の7棟累計CF（キャッシュフロー）ですが、
5億3602万円
となることをご確認いただきたいのです。

あくまでもひとつの目安ですが、所得税を一律30％、大規模修繕やその他の経費を10％として、合計40％を経費として考えています。

7棟累計CF5億3602万に対して経費を差し引き（×0・6）、投資した頭金1億3450万円をさらに差し引くと、1億8711万円になります。
23年目の残債が1億4881万円なので、かなり大まかな計算となりますが、23年目までの手元のキャッシュで全ての残債を払えることになり、あとは残債ゼロの建物が7棟残ります（減価償却により、経費計上できる分と元金にかかる税金を、プラスマイナスゼロとみています）。

経営者は孤独です。

皆さんはどのようなときでも、すべてに責任を持ち、全力で頑張ってらっしゃったことと思います。

私はこれまで、働きすぎで体を壊した経営者を何人も見てきました。経営は楽しくもありますが、何年たっても終わりのない闘いでもあります。あなたがもし、病に倒れたとしても、次の日はやってきます。あなたに万一のことがあった場合には、あなたの会社を守れるのは、あなたしかいないのです。

何かあった時に、大切な家族を守るためにも、また、あなたがストレスなく経営に全力を注げるようになるためにも、ぜひ、もうひとつの収入の柱としての不動産投資をお勧めします。

著者紹介

曽我ゆみこ

化粧品会社経営。投資家。
不動産投資にて、インカムゲインとともにキャピタルゲインもプラスにすることを目指した「Wゲインスクール（W ゲイン CLUB）「金持ち大家さんファミリー」を主宰。また、「クオンタムリーヴの会」では、本業でさらに活躍をするために、不動産投資家を目指す経営者のサポートをしている。2010 年、がんにかかり、抗がん剤治療を開始。働かなくても経営が成り立つようにと不動産投資を思い立つ。その後、頭金 1000 万円で都内近郊の駅近物件を選び不動産投資を始め、資産 6 億円、返済比率 40.11%以下にて運用。40 代以上の女性の自立支援塾「乙女塾 40」塾長を務める。著書に『毎月100万円! 確実に増える不動産投資』（辰巳出版）がある。

http://fudousan-c.com/

経営者のための
初めての
不動産投資戦略

2020年2月16日　第1刷発行

著　　者　曽我ゆみこ

発 行 者　長坂嘉昭

発 行 所　株式会社 プレジデント社
〒102-8641　東京都千代田区平河町2-16-1
電話（編集）03-3237-3732
　　（販売）03-3237-3731
https://www.president.co.jp/

装　　丁　仲光寛城

構　　成　遠藤由次郎

編集協力　越智秀樹（OCHI企画）

編　　集　岡本秀一

制　　作　関 結香

販　　売　桂木栄一、高橋 徹、川井田美景、森田 巌、末吉秀樹

印刷・製本　凸版印刷株式会社

ISBN978-4-8334-2352-6
Printed in Japan

R	S	T	U	V	W	X	Y	Z
年度)＝ 現金)		17.1%	PB(自己資金回収期間)〔年〕＝ 自己資金/CF(初年度)					5.8
実質CF(万)＝NOI-返済／年	実質CF(実績)	実質累計CF(万)	累計CF(実績)	経過年数(年目)	購入利回り＋1%で売った場合の売値	総CF＝売値-残債＋累計CF-自己資金	累計、自己資金利回り(CCR・ROE)＝総CF／自己資金	残債
					9.50%			
379		379		1	11,632	-1,603	-73	11,403
368		747		2	11,490	-1,074	-49	11,101
358		1,105		3	11,349	-549	-25	10,793
347		1,452		4	11,211	-27	-1	10,480
337		1,788		5	11,074	492	22	10,161
326		2,115		6	10,939	1,008	46	9,836
316		2,431		7	10,806	1,521	69	9,505
306		2,737		8	10,674	2,032	92	9,169
296		3,033		9	10,544	2,541	115	8,826
287		3,320		10	10,415	3,048	138	8,477
277		3,597		11	10,288	3,553	161	8,122
267		3,864		12	10,162	4,057	184	7,760
258		4,122		13	10,038	4,559	206	7,391
249		4,371		14	9,916	5,060	229	7,016
239		4,610		15	9,795	5,561	252	6,634
230		4,840		16	9,676	6,060	274	6,246
221		5,062		17	9,557	6,559	297	5,850
212		5,274		18	9,441	7,058	319	5,447
204		5,478		19	9,326	7,557	342	5,036
195		5,673		20	9,212	8,056	365	4,619
187		5,860		21	9,100	8,556	387	4,193
178		6,038		22	8,989	9,056	410	3,760
170		6,208		23	8,879	9,557	432	3,319
162		6,369		24	8,771	10,059	455	2,870
153		6,522		25	8,664	10,563	478	2,413
145		6,668		26	8,558	11,068	501	1,948
137		6,805		27	8,453	11,575	524	1,474
130		6,935		28	8,350	12,084	547	991
122		7,057		29	8,248	12,595	570	500
114		7,171		30	8,148	13,109	593	0
612		7,783		31	8,048	13,621	616	0
604		8,387		32	7,950	14,127	639	0
597		8,984		33	7,853	14,627	662	0
590		9,573		34	7,757	15,121	684	0
582		10,156		35	7,663	15,608	706	0

(切り取り線)

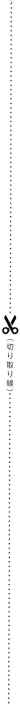

	A	B	C	D	E	F	G	H
2		1棟目		価格(万)	13,000		利回り	8
3		総返済額(万)		15,151		月額(収入－返済)(万)		
4	年数	店頭価格(万)	購入価格(万)＝店頭＋諸費用	金利(%)	返済年数(年)	借入率(%)	借入(万)	返済額／月(万)
5			7.00%					
6	1	13,000	13,910	1.8	30	90.0%	11,700	42.1
7	2	13,000	13,910	1.8	30		11,700	42.1
8	3	13,000	13,910	1.8	30		11,700	42.1
9	4	13,000	13,910	1.8	30		11,700	42.1
10	5	13,000	13,910	1.8	30		11,700	42.1
11	6	13,000	13,910	1.8	30		11,700	42.1
12	7	13,000	13,910	1.8	30		11,700	42.1
13	8	13,000	13,910	1.8	30		11,700	42.1
14	9	13,000	13,910	1.8	30		11,700	42.1
15	10	13,000	13,910	1.8	30		11,700	42.1
16	11	13,000	13,910	1.8	30		11,700	42.1
17	12	13,000	13,910	1.8	30		11,700	42.1
18	13	13,000	13,910	1.8	30		11,700	42.1
19	14	13,000	13,910	1.8	30		11,700	42.1
20	15	13,000	13,910	1.8	30		11,700	42.1
21	16	13,000	13,910	1.8	30		11,700	42.1
22	17	13,000	13,910	1.8	30		11,700	42.1
23	18	13,000	13,910	1.8	30		11,700	42.1
24	19	13,000	13,910	1.8	30		11,700	42.1
25	20	13,000	13,910	1.8	30		11,700	42.1
26	21	13,000	13,910	1.8	30		11,700	42.1
27	22	13,000	13,910	1.8	30		11,700	42.1
28	23	13,000	13,910	1.8	30		11,700	42.1
29	24	13,000	13,910	1.8	30		11,700	42.1
30	25	13,000	13,910	1.8	30		11,700	42.1
31	26	13,000	13,910	1.8	30		11,700	42.1
32	27	13,000	13,910	1.8	30		11,700	42.1
33	28	13,000	13,910	1.8	30		11,700	42.1
34	29	13,000	13,910	1.8	30		11,700	42.1
35	30	13,000	13,910	1.8	30		11,700	42.1
36	31	13,000	13,910	1.8	30		11,700	0.0
37	32	13,000	13,910	1.8	30		11,700	0.0
38	33	13,000	13,910	1.8	30		11,700	0.0
39	34	13,000	13,910	1.8	30		11,700	0.0
40	35	13,000	13,910	1.8	30		11,700	0.0

I	J	K	L	M	N	O	P	Q
.50%	年収(万)	1105	年収(万)	92.1	CCR(ROE)=自己資金利回り(			
50.0	現金準備(万)		2210		CF(初年度)/自己資金(準備			
返済額/年(万)	利回り(%)	家賃/月(下落率年1・22%)30年30%	総収入(万)	NOI=総収入-空室リスク(10%)-運営費(10%)(万)	返済比率=返済額/総収入(50%以下)	DCR=NOI/返済額(1・3以上)	表面利回り(%)	実質利回り(CFR)(%)=NOI/購価
		1.22%		20.0%				
505	8.50%	92.1	1,105	884	45.7	1.8	8.5	6.4
505		91.0	1,092	873	46.3	1.7	8.4	6.3
505		89.9	1,078	863	46.8	1.7	8.3	6.2
505		88.8	1,065	852	47.4	1.7	8.2	6.1
505		87.7	1,052	842	48.0	1.7	8.1	6.1
505		86.6	1,039	831	48.6	1.6	8.0	6.0
505		85.5	1,027	821	49.2	1.6	7.9	5.9
505		84.5	1,014	811	49.8	1.6	7.8	5.8
505		83.5	1,002	801	50.4	1.6	7.7	5.8
505		82.5	989	792	51.0	1.6	7.6	5.7
505		81.4	977	782	51.7	1.5	7.5	5.6
505		80.5	965	772	52.3	1.5	7.4	5.6
505		79.5	954	763	53.0	1.5	7.3	5.5
505		78.5	942	754	53.6	1.5	7.2	5.4
505		77.5	931	744	54.3	1.5	7.2	5.4
505		76.6	919	735	54.9	1.5	7.1	5.3
505		75.7	908	726	55.6	1.4	7.0	5.2
505		74.7	897	718	56.3	1.4	6.9	5.2
505		73.8	886	709	57.0	1.4	6.8	5.1
505		72.9	875	700	57.7	1.4	6.7	5.0
505		72.0	864	692	58.4	1.4	6.6	5.0
505		71.2	854	683	59.1	1.4	6.6	4.9
505		70.3	843	675	59.9	1.3	6.5	4.9
505		69.4	833	667	60.6	1.3	6.4	4.8
505		68.6	823	658	61.4	1.3	6.3	4.7
505		67.7	813	650	62.1	1.3	6.3	4.7
505		66.9	803	642	62.9	1.3	6.2	4.6
505		66.1	793	635	63.7	1.3	6.1	4.6
505		65.3	784	627	64.4	1.2	6.0	4.5
505		64.5	774	619	65.2	1.2	6.0	4.5
0		63.7	765	612			5.9	4.4
0		62.9	755	604			5.8	4.3
0		62.2	746	597			5.7	4.3
0		61.4	737	590			5.7	4.2
0		60.7	728	582			5.6	4.2